新时代
中国足球运动
改革发展的思考

赵永峰　著

吉林科学技术出版社

图书在版编目(CIP)数据

新时代中国足球运动改革发展的思考/赵永峰著
. --长春:吉林科学技术出版社,2019.10
ISBN 978-7-5578-6116-2

Ⅰ.①新… Ⅱ.①赵… Ⅲ.①足球运动-体育改革-
研究-中国 Ⅳ.①G843.92

中国版本图书馆 CIP 数据核字(2019)第 233018 号

XINSHIDAI ZHONGGUO ZUQIU YUNDONG GAIGE FAZHAN DE SIKAO

新时代中国足球运动改革发展的思考

著　　　赵永峰
出 版 人　李　梁
责任编辑　李思言
封面设计　崔　蕾
制　　版　北京亚吉飞数码科技有限公司
开　　本　710mm×1000mm　1/16
字　　数　215 千字
印　　张　12
印　　数　1—5 000 册
版　　次　2020 年 3 月第 1 版
印　　次　2020 年 3 月第 1 次印刷

出　　版　吉林科学技术出版社
发　　行　吉林科学技术出版社
地　　址　长春市人民大街 4646 号
邮　　编　130021
发行部传真/电话　0431—85635176　85651759　85635177
　　　　　　　　　　85651628　85652585
储运部电话　0431—86059116
编辑部电话　0431—85635186
网　　址　www.jlsycbs.net
印　　刷　北京亚吉飞数码科技有限公司

书　　号　ISBN 978-7-5578-6116-2
定　　价　80.00 元

前　言

经过长期不断的努力,我国目前已经成为一个体育大国,在诸多项目上都处于世界领先地位,正由体育大国向体育强国的方向迈进。我国有诸多优势项目,如跳水、乒乓球、羽毛球等。但也有很多运动水平较为落后的项目,足球就是其中一项。为推动中国足球运动的发展,我国早在 1994 年就开始了职业化,发展至今已有 25 个年头。在这一时期,中国足球曾经有过发展的高潮,如 2002 年进入了世界杯决赛圈;也有过低谷,如假球、黑哨横行,中国足球联赛的形象严重受损,严重阻碍了中国足球的健康发展。

中国职业化足球的改革与发展,除了失望和眼泪,还给我们留下了诸多宝贵的经验和教训。足球职业化符合现代足球运动发展的规律,同时也是足球市场化发展的要求,因此足球职业化这一定位是正确的,客观上对于开拓足球市场、夯实足球社会基础起到了重要的作用,同时也加强了中国足球与其他国家的沟通与交流。但是,需要我们认清的一个现实是,中国足球运动的职业化发展目前还存在着很多不职业的地方:管理体制不健全,行政干预较大,具有一定的热度但基础较差,俱乐部运营管理不规范等,这些都严重制约和影响着中国职业足球的发展。

为推动中国足球的进一步发展,近些年来,我国陆续出台了一系列关于足球改革与发展的政策,如 2015 年所制定与实施的《中国足球改革发展总体方案》(以下简称《方案》)就是这样一种有利于中国足球发展的政策。该《方案》以前所未有的战略高度细致分析了当前中国足球发展的现状,着眼于足球的影响力和价值;着眼于提高国民素质、培育体育文化、发展体育产业;着眼于足球对经济、社会和文化的促进作用,提出了三步走的战略,对于中国足球的可持续发展具有深远的影响和意义。除此之外,我国政府还出台了一些有利于校园足球发展的政策和文件,实行校园足球四级联赛制度,努力发展校园足球,让校园足球成为我国足球后备人才培养的重要阵地。这些改革方案对于推动中国足球的健康发展都有重要的意义。

当然,在新的时代背景下,中国足球的改革绝不是一朝一夕就能解决的事情,需要从长计议,按部就班、循序渐进地发展。为推动中国足球的进一步发展,本书从足球教学、足球训练、足球产业发展、足球人才技能培养等多个方面展开研究,主要分为九章内容。第一章主要分析了当今世界足球运动发展的格局和形势,以及影响中国足球发展的基本因素。第二章在阐述足球运动文化内涵的基础上,重点分析了足球文化的改革与发展。第三章分析了新时代背景下足球产业的改革与发展,通过分析足球产业市场、足球竞赛文化传播、足球俱乐部建设等内容,提出了促进我国足球产业市场发展的对策。第四章和第五章分别研究了足球教学与足球训练的改革与发展,并提出了促进足球教学与训练水平提升的策略。第六章和第七章分别分析了足球运动员体能及技战术技能的发展,这是足球运动员发展的核心部分,需要引起高度重视。第八章以宏观视角研究与分析了中国足球改革与发展之路,并提出了新时代背景下中国足球发展的抉择与举措。第九章结合中国足球发展的热点与形势,将校园足球作为一个重要的实例进行研究与分析,在充分调查校园足球发展现状的基础上,提出了促进我国校园足球可持续发展的战略。

　　本书在撰写的过程中,参考和借鉴了大量的有关足球方面的书籍和资料,在此向有关专家及学者致以诚恳的谢意。当然,由于时间和精力有限,不足之处在所难免,恳请广大读者批评指正!

作　者

2019 年 8 月

目　　录

第一章　足球运动发展概述

　　足球是目前全球体育界最具影响力的单项体育运动,有"世界第一大运动"的美称。精彩的足球比赛往往吸引着数以亿计的观众,它已成为电视节目中的重要内容,有关足球方面的报道总会占据世界各种报刊的篇幅。可以说当今足球运动已成为人们生活中不可缺少的组成部分。本章主要就足球运动的发展进行阐述与分析,内容包括现代足球内涵阐析、世界足球格局及我国足球发展现状、影响我国足球运动发展的因素。

第一节　现代足球内涵阐析

一、现代足球是人类文明与人性本能的良好调和剂

(一)战争与和平的意象化

　　从某种程度来说,可以将足球运动理解成和平年代的战争,也可以把人类文明史理解成人类持续发动战争和回归和平的行为胶着与意识焦灼且压制人类本能而增强人类理性思维的过程。弗洛伊德经过长期研究后指出,人类与生俱来的进攻本能是文明和人性对抗最深层次的原因,同时在人类利用进攻本能持续挑战自然社会的过程中逐步形成了科学理性,并在此基础上逐步形成了社会关系和人文精神,简单来说就是古典西方文明的两个内核。西方学者指出,人性原本就是邪恶的,要想使人性向善离不开上帝的示喻以及人类自我救赎。足球运动的文明化是人类"进攻本能"意象化的直接反映,更是个体邪恶本能救赎和转化的手段与过程。战斗扭杀和阵式经过演变和发展形成了足球场上的对抗和阵型,战场上的征服经过演变成为足球场上的输赢。过去很多国家通过足球调停地区战争的事件充分表明,足球运动具备战争意象化这项功能。在举办世界杯足球赛期间爆发战争的地区出现短时间停战现象、世界杯足球赛结束后继续开战的诸多事件,不仅表明这些地区的百姓对和平的憧憬和期盼,也表明这些地区的百姓无法抑制人性本能的严重问题。

（二）蛮力与绅士行为的交织

随着人类社会和足球运动的持续发展，足球场上的礼仪和规范慢慢增加，正式现代比赛规则应运而生。但不容置否的是，足球场上依旧存在或多或少的蛮力较量和暴力倾泄，世界各国的足球运动依旧无法把足球流氓彻底根除。但足球场从来不可能完全剔除蛮力的较量，甚至是暴力的倾泄。种族主义和极端主义使得足球场上充满暴力、血腥、幻觉，此外足球运动对部分人表达和鄙夷本能提供了机会，这使得足球场周围仿佛是同时存在绅士和斗士的地方。

（三）文明与野蛮的调和才有强大的生命力

英国社会学家埃利亚斯指出，文明是一个过程或者一个过程的结果，是自始至终都处在运动状态和向前行进状态的东西。但纵观人类发展史不难得出，人类行为举止始终向着更加理性、更加节制的方向发展，但人类行为举止方面的理性务必要有所节制，并非是无限制地超前发展，不然就会演变成致使文化衰落的陷阱。世界多国的发展历史表明，文明和野蛮存在着矛盾关系，两者相辅相成且在彼此比较的过程中持续进化着，倘若不能妥善处理两者的关系就会成为民族的悲剧。弗洛伊德认为，文明的起源从本质上来说就是人类本能被压抑后形成的产物。分析人类处于压抑状态的本能会发现，一些会在转化成人类参与社会劳动所需能量的基础上发展成物质成果，另一些会在转化成科学与艺术创造活动的基础上发展成璀璨文化。在文明持续进步的过程中同样付出了不可估量的代价，如身处文明社会的人们在自由和欲望的满足过程中深受限制，这是文明与人性的双重悲哀，推动社会进步的内在动力也必然会有所减少。由此可见，人类荷尔蒙在改变世界的过程中，也对世界产生了或多或少的破坏作用，所以说释放人类荷尔蒙和压抑人类荷尔蒙达到平衡状态后才能演变成文明进步和足球发展的行为艺术之一。

（四）对后发国家的启示

学者李力不仅明确表明足球是"野蛮的文明"，还提出了关于文明和野蛮辩证关系的代表性说法。对于参与足球运动的人来说，他们的"邪恶"本能会在争夺切身利益和欺诈他人的过程中宣泄出来，同时会在礼仪、规则、秩序发挥制衡作用的过程中被抑制且得以升华，所以说足球运动是西方文明得以保持和人性本能获得正确调适的重要手段，从本质上来说更是平衡的张力。西方学者认为，人性得以解放的具体程度是文明进步的重要标志之一，在压抑和牺牲人性的基础上创造出的文明属于文明异化和文明衰落的表现。我国著名教育家和思想家孔子则认为，文明进步取决于"文"（文明、优雅）与"质"（粗鄙、朴实）的调和，偏废任何一方都不可行。由此可见，东方文明中有很多有关人性与文明的哲学智慧以及警示，但历史规律并不会受人类意志影响而有所转移。

以西方国家为比较对象，与其说很多国家足球运动发展缓慢是文明程度不够，不如说是过去过度文明打破了文明和人性本能的平衡，平衡被破坏后至今未找到新平衡，这些国家包括历史发展悠久的印度等国家。在多数情况下，呈现出早熟状态的文明会凝固成僵化、保守、封闭的文化系统，通过高度统一化、同质化的文化意识与价值观，以及政治架构与政治理念。压制或剔除人类天性的做法过当，从表面看是文明的进步，但本质上是朝着进化的反面发展。如果一个国家对国家理性、整体和团结、神性或王权、专制威服过度重视，对个体理性、竞争和协作、人性及其人性张扬、民主法治置之不理，则国家开展足球运动对于个体来说犹如处于"失血"或"贫血"状态，对于整个社会来说，则会没有竞争与协作的制度秩序可言，以平等的身份参与足球运动的大众意识也会不足。由此不难得出，这些地区在发展足球运动的过程中要深刻领会到转换视野和重新构建思维方式的重要性，仅仅重视"文明"的建设有很大可能是跛脚的行为，最终会和现代足球的差距越来越大。对于在足球运动方面的后发国家来说，足球的振兴常常会把被长时间压制的人性本能唤醒。通过解放人性来抗衡过度的理性，恢复文明进步与创造的激情，足球良性发展则可无声地消解其中。这个时期的世界多元化浪潮创造了不可多得的发展机会。

二、现代足球是社会进程中传统与现代的相互叠加

（一）西方文明主导着足球现代化进程

人类在物质层面、制度层面、精神文明层面的进步程度，即现代化。"文艺复兴以来欧洲经历的现代化转型带来了西方世界翻天覆地的变化，不但将西方社会导入一个崭新的历史阶段，而且也对整个人类文明产生了深远的影响，并从根本上主导了世界此后的发展方向和历史进程。"①换句话说，第一次现代化的显著特征是工业化、城市化、民主化，第二次现代化的显著特征是知识化、网络化、国际化。发展至今，西方国家正在从第一次

_____

① 章国锋，钱满素．当代文明（上）[M]．福州：福建教育出版社，2010．

现代化向第二次现代化过渡,但并不是说传统和现代已经彻底割裂或者呈相反关系,"现代化的水平状态是在传统社会的'传统性'和现代社会的'现代性'的对比中表现出来的"①。由此可见,把"传统"和"现代"理解成对立关系和排斥关系是不对的,同时在"传统"和落后之间、"现代"和先进之间划等号同样是不对的。

在现代足球运动中包含西方文明的诸多历史遗存,第一次现代化特征和第二次现代化特征并存,具体反映为:对于足球的社会性来说,足球就是社会,社会就是足球。现代足球被誉为世界第一运动,从某种程度来说是现代多元社会普世价值的充分彰显,也是现代信息社会主流社会形态的充分彰显。分析足球影响力及其反映出的特征都会发现,足球是社会化特征尤为显著的体育运动。对于足球运动来说,认识足球运动技战术体系的过程就是认识理性与非理性、个体与整体、平衡与非平衡、传统与反传统的矛盾之间进行博弈演进的过程,从某种程度来说这恰恰是当今社会现代化特点的具体反映。由于现代足球在世界各国广泛推广和普及,所以反映出和多层次现代化相统一的社会特征。

(二)足球运动中的西方传统与现代化

和足球运动有紧密联系的西方传统着重指西方别具特色的人性本能意识、罗马法遗存、基督教信仰、市民观念传统。首先,西方恶本能意识和东方善本能意识之间对比明显,前者为抑恶扬善的制度伦理奠定了基础,使得文明和野蛮之间的独特张力平衡得以形成,进攻本能是恶本能的着重反映,一方面对个人英雄主义的豪情有激发作用,另一方面对破坏社会秩序和建构社会秩序之间的关系发挥着调适作用。其次,罗马法中精髓部分旨在规定与保护权利,保证传统社会转型为现代社会的过程中存在可供遵循或者可供依赖的法律秩序,同时为政治层面、经济层面以及技术层面朝着正确方向革新和增长创造良好条件,此外为城市持续发展和良好人际关系得以形成提供制度层面的保障。再次,基督教是欧洲文明的显著特征之一。韦伯指出:"在构成近代资本主义精神乃至整个近代文化精神的诸要素之中,以职业概念为基础的理性行为这一要素,正是从基督教禁欲主义中产生出来的。"②基督教的罪感、救赎、禁欲、博爱为此后的自由、民主、诚

---

① 窦金波.现代化理论的主要理论思想及其缺陷[J].延安职业技术学院学报,2010(03).

② 龚波.现代足球战术体系的后现代化趋势研究[J].天津体育学院学报,2007(03).

信、敬业等意识的产生与强化奠定了思想基础。最后，追溯市民观念会发现其最初发展于古代希腊城邦时代，是众多城邦独立主权、分散自治的非血缘族胞聚落的社会结构或议事会、民众大会建制的意识基础，是早期工商奴隶主和自由民的民主自治观念的体现。他们在对优雅文明生活充满向往之情时也在欣赏奴隶的血腥角斗，他们在发起城邦间战争时也在构建崭新的城市秩序，换句话说，同样存在着诸如足球场上的野蛮和文明、集体和个人、竞争与协作。从整体来说，现代足球运动中蕴含很多西方文明持续演进的成果。

纵观足球运动的现代化发展历程，西方文明的传统性和现代性始终呈纠结状态：首先，人性本能始终会受理性的限制作用，也会受法律、制度、礼仪三个方面的规制作用，但很多时候会有不良言行对文明社会的神经发出挑战，具体是指球场暴力等。但值得注意的是，理性关系和非理性关系进行互动会促使足球运动为西方文明有效维持人性本能在压抑和释放之间的张力平衡。其次，罗马法发展成现代制度文化的精髓，不只是反映在现代足球规则中的公平层面、公正层面以及一致性标准上，也反映在市场化、职业化以及国家化的社会秩序层面。对于非西方国家来说，一条发展路径是对罗马法的传统持尊重态度，另一条发展路径是正视罗马法制度秩序缺失产生的问题。再次，基督教不再像以往那样外显。信仰存在差异的各民族国家纷纷加入其中，足球运动的世俗化特点日益明显，而世俗化是现代化的一项显著特征，但其精神隐含于足球运动中且发展成了非西方国家无法准确分辨和切实领会的文化屏障。最后，市民观念发展至今已经进化成西方城市精神的多元化内涵，集民主自治等诸多遗存观念和当今时代内涵于一身，其中包含的市场化和法治化等对现代足球发展有直接性影响，从某种程度上来说，职业足球运动和市民社会（市民城市）存在着依存关系，这就意味着非西方国家足球在各个城市的发展实况有异化的可能性。从整体来说，西方诸多文化传统隐含在现代足球中，同时发展成为很多后发国家振兴与发展足球运动的一重屏障。它们集传统、现代、后现代于一身，繁杂内涵大大增加了人们掌握的难度。

（三）对后发国家的启示

（1）足球后发国家极易进入的误区是重视现代性而忽视传统性。重视现代性是转型社会经常出现的问题，具体是指在传统和落后之间、现代和先进之间画上等号。过去很多足球后发国家都将推广和发展职业足球设定为加快足球运动现代化发展速度的重要举措，但最终成效存在很大差异，出现差异的主要原因是各国现代化的"比较优势"不同。综合分析会得出,推行现代化必须要具备相应的条件和基础,仅仅是一厢情愿显然不可行。

(2)关于基督教信仰和市民文化的反省。就基督教信仰来说,其不只是西方文明中的精华,也是最深刻的文化基因,还是非西方国家发展足球运动过程中无法真正领会的一道屏障。西方国家足球运动员参赛前在胸前十字比划或亲吻,从表面看和比赛输赢没有关系,但寄托着这些运动员的精神,此外是东西方国家在文化层面和足球运动上存在不同的直观反映。毋庸置疑,精神文化是文化层次中的核心性内容,而信仰又是该精神文化的核心性内容,这也就是说非西方国家在接受和理解的过程中会遇到多重困难。这并非是只言片语即可说明白的问题,肯定基督教在足球运动中至关重要的态度有深远意义。现阶段基督教在朝着世俗化方向发展的过程中演变成诸多西方的行为意识,具体包括便于人们理解或模仿的竞争意识以及律法意识等。从某种程度来说,这恰恰是东西方文化的接点,由此会形成接引和接触。就市民文化来说,西方城市在市民文化发展过程中充当着孵化器以及容器的角色。韦伯在《新教伦理》和《儒教与道教》中论述了东方城市和西方城市之间的差异,从本质上指出了传统城市和现代城市的不同之处。韦伯指出西方城市充当西方文明摇篮和中心的原因是:第一,西方城市发展过程中始终和现代资本主义经济的兴趣保持着密切联系;第二,绝大部分西方城市掌握着自治权;第三,西方城市是自治自由民的联合体,市民阶层只有在西方城市才能找到。韦伯还指出,包括中国诸多城市在内的东方城市最显著的功能是政治功能和军事功能,但不会像团体那样行动。市民文化或者城市文化的含义存在差异,代表足球在西方城市是兄弟"德比",集竞争关系和合作关系于一身,是理性的经济人。在非西方国家是城市独生儿,具备显著的排他性特征,充当着集权政治的工具化身。因为现代足球发展必须依托城市,所以非西方国家的职业足球改革陷入"假市场"或者表现出"伪职业"问题的情况很常见。职业足球不应当止步于组建几个职业俱乐部、职业教练员队伍、职业运动员队伍,最为关键的是市民观念与城市文化。足球后发国家应在市民观念与城市文化这方面积极转变认识并多下功夫,但这个过程无疑需要很长时间。

(3)西方国家认为,现代化过程是任何社会和民族都会经历的普遍进化过程。当前非西方国家在发展足球运动过程中需要解惑的问题是:是否可以将足球运动发展理解成"单线进化"的发展模式,西方发达国家所选的现代化道路是否有走的必要性。尽管当前有很多争论,但世界各国达成的共识是现代化不可逆,换句话说就是人类文明都会有终极的共同目标——"世界大同",简单来说就是文明多元化和一体化实现统一。西方国家和非西方国家争议的重点为到底是"殊途同归"还是"同途同归"。具体来说,持有"同途同归"观点的人认为应当把西方国家视作人类文明进步的领先者,走西方发达国家走过的现代化道路没有不妥当之处。但必须正视的问题是,足球后发国家的传统文化和西方文化之间的冲突是无法避免的,同时对民族文化自觉的勇气和开放变革的政治智慧提出了巨大考验。持有"殊途同归"观点的人认为非西方国家在现代化进程中有可能存在其他发展路径且呈现出其他发展特征,但在现代化过程中必须避免过度突出民族国家特色而扭曲足球运动发展规律的问题出现,也必须避免过度突出足球运动基本规律而对国家文化安全视而不见的问题出现。

三、现代足球是文明长时段的历史演变

法国年鉴学派历史学家布罗代尔认为,文明是在为期很长的时间内发生的历史演变。具体来说,短时段又被称之为事件或者政治时间,即历史上的突发现象,如革命、战争、地震等类似的现象,这些现象产生到结束之间的总时长很短,对整个历程进程产生的作用有限;长时段又被称之为结构或者自然时间,即历史上在很长时间内没有发生变化或者变化速度很慢的现象,如地理气候、生态环境、社会组织、思想传统等类似的现象,这些现象能对历史进程产生决定性影响和根本性作用。综合分析短时段和长时段会发现,前者仅仅构成了历史的表面层次,有且只有长时段现象才能组成历史的深层结构和整个历史发展的基础,也有且只有凭借长时段的观点剖析和探究长时段的历史现象,方可对历史整体形成精准把握。

（一）现代足球与西方文明同步进化

倘若将西方文明划分成古典文明、中世纪文明、文艺复兴、近代文明、现代文明这五个发展阶段,那么现代足球发展历程同样有相应历史,尤其是自中世纪以来相继出现了暴民足球、绅士足球、近代足球与现代足球。它们在形式上存在着同构关系,在内容上存在着同质关系,彼此间的关系十分密切。从某种程度来说,现代足球扎根于西方文明的土壤逐步发展,同时充分彰显了西方文明在各个历史阶段的特质。

（二）对后发国家的启示

一方面,足球发展史是长时段的演变过程,其文化内涵集多样性和稳固性于一身。从西方中世纪到当下,足球起源和发展历程是没有中断且相对完整的过程,所有阶段均获得了相对充分的形成和发展时间,其充当着

一种文明样式自基因到外部形态均和其母体文明存在诸多相似之处,其发展成世界第一运动且拥有旺盛生命力也正是因为这个原因。足球运动在发展过程中继承了西方的地理环境、社会组织、思想传统的全息基因,同时积极吸收其他文明的精华和养分,和人类文明同步成长。我们不仅要认可足球运动发展过程,也要从根本上领会足球运动的本质,还要对足球运动发展规律持尊重的态度。

另一方面,严禁借助"短时段"理解足球运动,如此会使足球运动发展视野出现局限性。现阶段需要解决的主要问题是为数不少的国家仅仅把足球视作孤立的"事件或政治时间",这无疑是草率的。倘若人们分配过多注意力来审视和分析现阶段的足球赛事或者改革行为,就足球运动开展采取草率的意识形态或政治干涉,偏离甚至扭曲开展足球所需的文明空间与秩序,则必然会发生混乱且不自知。虽然愿景是好的,但足球运动发展历程并非是"短时段"的冲动,历史的累积是不可或缺的。对于这个论点,比较和分析我国和日本的职业足球改革会有较大说服力,日本足球改革前准备时间有六年之久,还有150年日本文明自明治维新起西方化现代转型的社会准备,足球改革总进程相对稳定且效果突出,而我国足球改革的准备时间仅有1992年至1994年两年,改革开放的社会准备仅有30年,足球改革事件有很高的知名度但实际效果有待改善。基于此,日本足球改革和我国足球改革的典型意义就不言自喻了。

第二节　世界足球格局及我国足球发展现状

一、世界足球格局

现代足球世界格局是足球文明在现阶段的时间和空间下的短时间定格,是其文明成果的具体反映。探讨和分析世界足球格局,一方面是为了印证人类文明的规则,另一方面是为了就足球运动的内涵和规律进行发掘和归纳。

（一）足球强国的操作界定

足球强国由两层含义组成,分别是现阶段世界范围内足球水平较高的国家和怎样发展成足球竞技实力强劲的国家,这里着重取足球强国前面一层含义,但并非是排斥第二层含义。这里认为,足球强国是世界足球运动发展在进度上和程度上的具体反映,是世界各国开展足球运动的范例,足球强国分布情况是世界足球整体格局的象征。基于足球强国的操作界定,便于探究世界足球格局和文化背景。这里把国际足球联合会每年年终排名进入前20名的国家操作定义为足球强国。

(二)足球强国的分布与基本特点

足球强国的分布和基本特征是:沿海国家所占比例大、欧美国家拥有显著优势、相近地域的区块化特征显著。

就相近地域区块化特征显著来说,综合分析点状分布效果会发现,大体能概括成欧洲、非洲、美洲、亚洲四大区,以及进一步细分为12个亚层次小区块,足球强国在地理空间上以区块的形式集聚。就地理上看,这些区块的不均衡性特征相当明显,欧洲和南美足球强国的区块数量多且密集,其他洲足球强国的区块数量少且稀疏。

(三)世界足球区块化与风格流派的关系

足球风格流派是世界各国文化气质或者文化追求的重要象征,也是甄别足球文化特质的依据以及方式方法。就现阶段来说,世界足球流派主要包括欧洲力量派、拉丁派、欧洲拉丁派,从某种程度来说世界足球流派是技术、战术、身体、心理这四项足球运动组成要素在配合和融合的基础上彰显出来的风格特征,同时都有与之相对且具有代表性的足球区域性及足球强国作为代表,见表1-1。

表 1-1　世界各地区足球风格特点的专家调查(N=36)

洲别	区块	技术	战术	身体	心理	
欧洲	欧洲北大西洋区域	★★★★	★★★★★	★★★★★	★★★★	18
	地中海区域	★★★★★	★★★★★	★★★★★	★★★	18
	中欧区域	★★★★	★★★★★	★★★★★	★★★★★	19
	巴尔干区域	★★★★	★★★	★★★★★	★	13
	东欧区域	★★★★	★★★	★★★★★	★	13
非洲	北非区域	★	★	★★★	★	6
	西非区域	★★★★	★★	★★★★	★	11
	南非区域	★	★	★★	★	5

洲别	区块	技术	战术	身体	心理	
美洲	中北美区域	★★★	★★★★	★★★	★★★	13
	南美区域	★★★★★	★★★★★	★★★★	★★★★	18
亚洲	东亚区域	★	★	★	★★	5
	西亚区域	★	★	★★	★	5

注:★号代表受影响的程度。5★90%以上;4★80%~90%;3★70%~80%;2★60%~70%;1★60%以下。

就欧洲力量流派来说,具体是指欧洲北大西洋区域和中欧区域,这个流派的运动员技战术水平和身心水平往往比较高,其中身体素质上的优势十分突出,此外他们的技战术呈现出了简单有效的特征。就英格兰来说,该国运动员在足球场上最明显的特征是以身体对抗为主,足球运动员跑动的主观能动性强、拼抢风格凶悍、动作果断而粗犷、战术打法的单一化特征显著、长传冲吊效果理想、场上节奏快,由此也使得该国运动员参与的比赛紧张而激烈。西北欧足球在短时间的衰落后,该区域的足球强国开始着手分析和归纳衰落的教训和经验,积极探索新的发展路径,并且在坚持自身身体条件以及有效战术的基础上正式踏上技术路线,这使得很多短传和小范围配合在这些球队的战术打法中有迹可循。

就拉丁派来说,具体是指南美洲区域,最显著的特征是技术细腻。拉丁派足球运动员的个人能力强、球性效应大、能融入到球队整体中、战术素养高、运动员打法特征显著、地面配合和短传渗透被广泛应用。拉丁派的代表国家是巴西和阿根廷等。

就欧洲拉丁派来说,具体是指地中海区域,这个流派的显著特征是运动员技战术水平和身体素质高,技术能力强劲且不比南美洲足球强国差。技术细腻、侧重于传切配合、渗透力强是欧洲技术在革新和发展过程中向南美风格学习和借鉴的成功案例。虽然欧洲拉丁派在参与近些年的世界性足球赛事时展现出了很强的实力,但整体表现的稳定性不高,此外传统积淀有待强化。

从整体来说,尽管现阶段的世界足球风格呈现出相互学习和持续融合的发展趋势,但风格特征依旧具有独特性特征和辉映性特征,世界足球风格依旧魅力十足。

(四)世界足球格局呈现出的基本特征

在世界各国足球运动不断竞争、不断交互、不断促进的过程中,世界足球格局呈现出了以下几项特征。

1. 风格相互融合

在经济全球化的强势影响下，足球运动的全球化趋势也日益显著，足球强国技战术打法的现代化特征更加凸显，在足球风格上的相似之处不断增加，各个足球流派持续融合，不同区域间的风格不再有严格区分。风格相互融合反映为部分区域开始有选择性地学习他人的优点，欧洲（地中海西班牙）出现了美洲打法，美洲（南美乌拉圭）也出现硬朗实用的欧洲化倾向，彼此间的综合分值已经相当接近。亚洲和非洲某些国家足球运动的快速发展大大丰富了足球运动的风格形态，同时使足球运动的构成元素有所增加，如非洲的"野"和亚洲的"灵"尽管还未发展成定型的流派，但不容小觑。

2. 竞技水平接近

竞技水平日趋接近是指足球比赛比分差距在持续缩小，悬殊比分逐步发展成奇迹，比赛结果更加偶然。发展至今，南美和欧洲的足球运动水平难分伯仲，亚洲和非洲国家的足球运动水平持续提高，在国际足联中的排名和地位在持续变化着。

3. 亚层次结构多样化

纵观世界各国的足球运动发展概况会发现，欧美国家仍旧强势主导，亚非国家依旧持续搅局和突破。以世界各国足球风格与文化背景的不同作为划分依据，能划分成 12 个亚层次的区域，并由此形成细分格局，这些亚层次区域的差异性具体反映在风格差异性方面、竞技水平差异性方面、交互性方面。一方面，各个区块运动员在身体、技术、战术、心理四个方面都形成了鲜明特征，同时各区块风格呈现出了你中有我和我中有你的发展态势，由此使得存在差异的分化结构应运而生，并在此基础上产生综合实力的格局。另一方面，欧洲、美洲、亚洲、非洲都存在不同程度的强弱分化，尽管欧洲和美洲足球运动整体实力强劲，但同样存在相对意义上的弱队或者弱区。同时尽管亚洲和非洲的足球运动整体水平有待提升，但偶尔会表现得很好，能在一定程度上打破欧美垄断局面。客观来说，这种层次结构不单单是足球运动内在矛盾运动的结果，也使得足球运动的内在矛盾有所增强。从整体来说，世界各个国家和区块的足球运动发展水平和发展路径持续变化，呈现出了百花齐放的大好形势，足球世界杯冠军被某些国家垄断的情况已经越来越少，这不仅仅是足球运动的魅力所在，更为足球运动

— 11 —

可持续发展提供了不竭的动力。

二、我国足球发展现状

(一)群众基础现状

从某种程度上来说,国家足球人口数量对该国在足球世界中的地位有决定性作用。就我国来说,我国参与足球运动训练的青少年人数约有二十几万,但接受达到专业性要求和系统性要求的长期训练和指导的青少年屈指可数。

与多个足球强国进行比较会发现,我国足球人口着实有待增加。在师资条件的制约和影响下,许多孩子抱着玩玩的心态参与足球运动训练,在推动中国足球发展方面产生的作用极小。与此同时,因为我国各个学龄的学生都有很大的课业压力,所以多数青少年参与足球运动训练的时间十分有限,学校成功举办的足球运动比赛同样屈指可数。青少年是足球运动可持续发展的后备力量,如果青少年无法在最佳时间段内学习足球运动,无疑会对中国足球后备力量的增强产生负面作用。

(二)基础设施建设现状

足球场建设数量对足球人群数量有直接性作用。通过分析会发现,高校足球场建设水平往往更高一些,很多足球场的草地都是真草铺设而成的,但这种足球场往往不对外开放,仅仅充当比赛场地或者商业租赁。综合比较高校足球场和小学足球场会发现,后者要简陋很多。一般情况下,中小学会设置操场,同时随意摆放几个球门就说学校建立的足球场,然而多数足球场并非是真正意义上的足球场,青少年在闲暇时间很难找到适宜踢球的场地。某项运动具备的影响力仅取决于参与这项运动的人数这一项因素,而参与这项运动的人数会受到运动场地的直接性影响。截至当前,我国足球场地短缺问题已经成为限制参与足球运动的人数快速增加的重要因素。倘若没有适宜的足球场地,则足球运动员技术动作的发展和完善必然会受到限制,足球运动员技术水平提升速度也会减缓。基于此,这里认为优质足球场地数量不足是我国足球发展速度缓慢的一项重要原因。

(三)足球后备人才现状

1. 足球人口少,后备力量匮乏,俱乐部不重视二、三线队

我国足球运动起步时间晚,同时在经济和政治等多重因素的影响下在

很长时间内都处在徘徊状态,由此造成的后果是我国足球人口有限、后备队选拔难度大、多数足球俱乐部忽视培养后备队的重要性。详细来说,后备队是足球俱乐部甚至国家足球运动可持续发展的基石,世界各国都把培养足球后备队定位成一项重要任务。我国很多足球俱乐部教练存在的通病是为获得短时间的胜利不敢安排新人参与比赛,新人获得的锻炼机会很少,这也是二线队员和三线队员比赛经验不足的原因所在。综合分析诸多规模巨大的世界性赛事会发现,我国足球队球员老龄化问题比较严峻,发展足球运动从娃娃抓起还需要付诸实践。很多学校未能普及足球运动是我国足球后备人才少的一项重要原因。

2. 后备人才文化素质不高

众所周知,截至当前,我国足球的一队球员和后备队球员的文化素质都偏低,绝大多数球员往往是在体校接受为期几年的训练和培养后成为三线队球员和二线队球员。在这种情况下,特别是青少年球员理解足球训练和足球比赛的能力会受到很大影响,此外他们从心理上适应大规模赛事也会有很大难度。当这些青少年球员年龄和身体成长至特定程度后往往会过渡到停滞状态,这是我国足球运动员运动寿命不长的重要原因。

3. 管理和体制不健全

管理和体制不健全具体是指各类足球俱乐部和学校的管理体制不健全。随着足球运动在我国的持续推广和发展,我国很多地区相继创办了规模各不相同的足球俱乐部与足球学校,但因为我国足球运动起步时间不长,所以在经济和政治等多重因素的影响下,足球俱乐部和足球学校相继出现诸多问题。

足球俱乐部和足球学校出现的问题是:第一,对青少年球员开展专业性训练的时间过早,没有深刻认识到提高青少年文化素质和科学培养青少年个性的重要性和必要性,训练强度过大,这使得青少年队员在身体和心理两个方面的学习成效和训练成效不尽人意;第二,培养青少年球员费用极高,很多发展潜力大球员因费用问题选择放弃;第三,管理层面上制定的管理制度未达到完善性要求;第四,培养后备队的相关环节未达到合理性要求,足球俱乐部和足球学校培养优秀足球运动员往往需要五至十年的时间,但实际培养时间往往短很多。自中国足球实施相关改革措施以来,我国足球体制产生了市场体制与计划体制,当前这种体制混杂起来的现状使得很多无法调和的矛盾相继产生。

第三节 影响我国足球运动发展的因素分析

综合调查和研究我国足球运动发展现状得出,影响我国足球运动发展的因素主要是经济因素、传统文化因素、竞赛体制因素、教练员因素、运动员文化素质因素,具体如下。

一、经济因素对我国足球运动的影响

经济是足球运动发展的源动力和物质基础。自我国职业联赛打响以来,我国足球市场越来越活跃。尽管我国经济整体增长速度快,但在我国人口众多和经济增长基数小这两项因素的影响下,使得我国人均国民生产总值还有待提高。在经济发展至特定水平且百姓生活日渐富裕的情况下,人们才会分配部分时间和精力来享受精神文化生活,才有心情观赏足球赛事。在国家经济日渐发达的情况下,才有推动足球运动发展进程、兴建足球比赛场地和训练场地、向足球运动员提供训练经费支持和训练器材支持的能力,在此基础上才能培养大批量的足球人才。

从我国足球运动发展初期开始,经济发展速度缓慢对我国足球运动发展产生了很大限制。自 20 世纪 80 年代我国实施改革开放政策以来,我国经济发展速度逐步加快,但在基数小这个发展现状的影响下,使得我国人均国民生产总值数量相对较少。截至当前,我国顶尖俱乐部的平均国内联赛出席人数还不及欧洲五大足球联盟国在 20 世纪 90 年代的顶尖俱乐部平均国内联赛出席人数。由此可见,当国家经济实力发展至特定程度、百姓生活质量得到显著改善后,国家足球观众的总人数才会稳步增加,整个国家足球职业化才能朝着良好方向发展。

二、传统文化因素对我国足球运动的影响

(一)我国民族传统文化特点

在地理位置的影响下,我国长期以来都存在或多或少的自我封闭。长年累月的自我封闭难免会对文化塑造过程产生影响,其中儒家思想就是我国传统文化中具有代表性的文化。我国传统文化特征大体能概括为"中庸之道"、"天人合一",这使得我国古代教育和西方教育存在的显著不同就是,我国古代教育重视人文精神和君子之道的培养而忽视开拓的重要性,而西方教育侧重于开发与开放。具体到足球运动,足球运动在我国发展的

过程中同样会受民族传统文化的影响,足球运动发展状况就是在我国历史和文化双重影响下的结果。

在 19 世纪末期,足球作为一个完整事物来到我国,但自其进入我国以后经历了坎坷的发展历程,比较典型的就是体制改革以及从专业体制向职业化转变的过程。尽管我国足球体制改革促使足球运动在我国获得了长足发展,但我国足球运动给我国广大球迷带来的辛酸要比带来的喜悦多很多,传统文化作为一项原因受到诸多人的重视。

(二)传统文化反映出一个国家的足球风格

如果把足球运动对抗比作打仗,那么就可以把场上队员理解成敌友军的厮杀,世界各国足球运动员相互厮杀的过程往往会将球队风格直观反映出来,也会将参赛国的传统文化特征直观反映出来,如提及拉美足球会不自觉地想到"桑巴足球"的故乡——巴西。

(三)传统文化对足球运动发展的影响

就足球运动来说,我国和其他国家存在诸多不同,如包括英国和法国在内的足球强国都呈现出了显著的对抗性特征,这和我国的传统"宁静"形成了巨大反差,所以这里认为国家和民族的文化会对其足球运动发展产生很大影响,这也是不建议中国足球学习英国足球野性美的原因。由于我国传统文化以"宁静"为主,因而对我国足球运动的发展产生了极大影响,人们将足球称之为"动"的物品,是因为这里所说的"动"反映在"运动"、"发展"、"对抗"等诸多方面,但我国足球在"动"方面的表现几乎无迹可寻。在分析和整合足球发达国家的足球理念后得出"野性精神"四个字。以英国、法国、德国、日本、意大利等为例,这些国家的人民都有野性且霸气的性格特征以及侵略史,发展至今这些国家的经济和政治等都名列前茅,足球运动发展水平也很高。足球运动并非是一项达到独立性要求的运动,大体上可将其纳入"资本"运动的范畴,这是由足球运动的起源决定的。亚洲地区很多国家足球运动水平有待提升,从某种程度来说就是因为受到资本主义熏陶较少,资本主义介入后能使足球运动野性美特征更加显著,强烈对抗能使比赛精彩程度得到大幅度提高。作为发展中国家的中国,在很多方面都不成熟,我们应在联系现状的基础上找到我国和其他国家存在的差距,加大研究足球运动发展规律的广度和深度,由此有效推动我国足球运动的发展进程。

(四)传统文化下塑造的足球强国

以足球强国——德国为例,强悍的德国文化使德国人善于深思且追求理性,生命意志必须服从纪律的要求使德国足球运动员张弛有度,德国足球队铁的纪律是很多国家足球运动队努力的目标。反观我国,受民族文化的影响,我国足球运动在发展过程中出现闭关自守的问题,和外界交流过少是我国足球运动发展迟缓的一项关键性原因。对于所有民族和国家来说,都应当以局外人的身份审视自己,都应当积极融合世界优秀传统文化,不引进优秀文化传统的民族必然无法实现可持续发展目标,足球运动也是这样,各国在发展足球运动的过程中有必要积极吸收其他国家足球运动的成功经验。

(五)中国足球要总结历史,面向世界

就现阶段来说,世界足球正向技战术素养全方位发展的方向发展,各国球队的打法犹如一场场精彩绝伦的表演,各类足球赛事的精彩程度大大提高,不同流派的足球运动呈现出了百花齐放的良好景象,这也恰恰是世界足球发展的必然趋势。我国足球要想更好地适应世界足球发展趋势,就务必要坚定不移地发展自己、开放自己、总结自己的过去,此外也要面向未来。众所周知,最早的足球出现在我国,但那个时期的足球并不是完整意义上的足球,也没有完整的规则对其进行约束并推动其发展,这使得足球在我国荒废了大约两千五百年。我国拥有最早的足球但并非是足球运动发展最好的国家,同时我国截至当前依旧未能在世界足球大舞台上占据一席之地,值得我们每个人深思。就当前来看,世界各派足球都在自觉吸取其他流派的精华,通过密切交流和融合贯通来推动自身的发展。但需要说明的是,学习某个流派的足球运动风格并非是完全照搬,而是要在借鉴别派之长的基础上加快自身的发展速度,依葫画瓢地发展足球运动的效果必然是不理想的。我国要想加快本国足球运动的发展速度就必须对当前形势形成准确判断和认识,深化足球改革的重中之重是认清足球运动规律且深层次研究足球文化规律,想方设法把我国传统文化融入足球运动中,从而推动我国足球运动的可持续发展进程。

三、竞赛体制因素对我国足球运动的影响

(一)足球竞赛制度的重要性

在世界足球运动持续发展过程中,竞赛制度已经演变成足球运动发展过程中无法替代的因素。分析欧洲地区和南美洲地区的很多足球强国会发现,这些国家的足球运动竞赛制度已经相当完善,稳定的足球运动竞赛

体系和训练体系为这些国家足球运动整体水平的稳步提升提供了重要保障。具体到我国,当务之急就是构建达到稳定性要求的足球竞赛体系,原因在于完整竞赛体系能为我国各级球队提供更多交流机会,也能提高我国各级球队的管理效率和进步速度,还有益于我国各级球队尽快和世界高水平球队接轨。

(二)我国构建合理竞赛制度的指导思想

在每年的全国足球工作会议上,足球专家以及工作者都会就足球竞赛制度展开讨论。针对我国足球竞赛制度提出的具有代表性的建议是阎世铎在全国足球工作会议上提到的足球竞赛制度指导思想:建立以全国超级联赛为龙头,全国甲级联赛为支柱,全国乙级联赛为骨干,省级联赛、青少年联赛和学校联赛为基础的金字塔式的联赛体系。

从某种程度来说,联赛是提高我国足球水平的杠杆,我国应当认真梳理联赛关系、积极构建和完善联赛体系、建立和健全联赛组织、规范联赛纪律、提高联赛水平。自 2001 年开始,我国足球联赛通过抽签决定赛程,中国足协也相继采取了诸多积极有效的调整政策,目的是确保联赛体制调整顺利实现既定目标,同时借助经济手段来推动各省组织和举办省级足球联赛,各级足球协会和足球职业俱乐部必须深刻领会加强足球文化建设的深远意义,不仅要使足球文化品位得到大幅度提升,也要使足球竞赛环境发生根本性改变。

四、教练员因素对我国足球运动的影响

毋庸置疑,足球教练员综合能力会对足球队员未来发展产生决定性影响,从某种程度来说,对球队总体水平有决定性影响。自新中国成立以来,我国足球运动在很长时间内都处在徘徊状态,发展至 20 世纪 90 年代后进入职业化,很多外籍足球教练员陆续来我国执教,从表面上看我国足球运动和世界足球运动接轨,但深入分析会发现我国足球运动的弊病依旧存在,包括假球和黑哨在内的诸多问题对我国很多足球俱乐部产生了很大困扰,严重影响了足球俱乐部的发展,也使得我国足球运动发展进程受到了影响。针对足球教练员,我国应当贯彻和落实"引进来,走出去"的策略,同时制定出切实有效的教练员上岗制度,由此从根本上增加我国足球运动的影响力。

(一)国际足球教练员现状调查

当前,在世界足坛中名列前茅的足球强国都相当重视足球教练员的质

量,原因在于这些国家越来越深刻地认识到"名师出高徒"的内在含义。早在 20 世纪中期,西方足球强国就把教练员选拔工作设定为重要工作,同时这些国家纷纷秉持使足球赛事更加精彩的前提是促使参赛球员掌握更好的技战术配合,而促使参赛球员掌握更好的技战术配合离不开优秀足球教练员的观点。对于培养优秀足球教练员的问题深受国际足联的重视,国际足联曾经制定过多项关于足球教练员的正规培训计划,并且得到世界各国教练员的大力肯定。发展至今,足球教练员培养过程已经日渐规范和正规,这里着重对法国、英国以及我国的教练员培养情况进行论述。

1. 法国足球教练员现状调查

法国足球教练员等级具有自下而上的特征,自下而上的具体顺序是业余教练员、初一级、初二级、中一级、中二级、高一级、高二级,教练员的最高级别是职业级和高级讲师。与此同时,业余教练员必须年满 16 岁,经过一年的带队才有资格参加考试,其考试实行 20 分制,通过 10 分才能获得初一级教练员,而后再经过 1 年,并获得 20 分中的 12 分才有资格申请初二级。由此可见,法国已经建立起严格的足球教练员晋级制度。

2. 英国足球教练员现状调查

英国足球教练员等级同样具备自下而上的特征,自下而上的具体顺序是入门教练、初级教练、中级教练、高级和国家级教练。英国教练员基金会设置了严格的全国教练员培训点,培训点布置了详细而系统的培训任务,各项任务基本上参照足球项目特征和教练员因素来设置培训内容的详细比例,常见的培训内容分别是足球专业知识、训练方法、与运动相关的知识、时间准则、管理技能等。

3. 我国足球教练员现状调查

自 1987 年起,我国越来越重视培训教练员的相关工作,紧接着国家体委颁布了《关于试行教练员岗位培训制度有关问题的通知》,此项条文规定了教练员培训的内容以及计划、教材、形式等方面的问题,后来国家体委逐渐地完善了教练员培训的指导思想、计划步骤等,同时实行了教练员要持岗位培训合格证制度、申报任职、晋升制度等。我国教练员分 A、B、C 三个等级,A、B 级教练员由中国足协负责培训,讲师由中国足协指派,C 级教练员由会员协会负责到中国足协备案,讲师是中国足协规定的讲师团成员。培训教材是亚洲足球教练员 A、B、C 级培训教程。从整体来说,我国足球教练员培训体系正在逐步朝着规范化、系统性、制度化、国际化四个方向发展着,其中规范化是指教练员培训环节出现了统一的领导和管理,制度化是指中国足协每年会制定针对足球教练员的培训计划,系统化是指我国采取由C级→B级→A级→职业级的逐级培训模式,国际化是指我国邀请国际足球专家为我国足球教练员授课且将有发展潜力的教练员派遣至足球强国学习。

(二)我国教练员队伍培训体系中存在的缺陷

1. 实践经验不足,基础理论知识匮乏

和足球强国相比,我国足球教练员存在的显著不足是实践经验不足和基础理论知识匮乏。一名优秀足球教练员,不仅足球理论基础扎实,足球运动实践经验也相当丰富。如果足球教练员的基础知识不稳固,意味着足球运动训练缺少基础;如果足球教练员的实践经验不足,意味着其带队经验也会比较少。

对比分析我国足球教练员和其他国家的足球教练员会发现,我国足球教练员的不足之处还包括教练员的经验往往是从培训课堂上获得的,真正的实践经验极少。

2. 没有重视区别对待的原则

我国绝大部分足球教练员是高校教师或者退役运动员。综合分析发现,高校教师理论基础扎实、教学经验丰富、实践经验有限,这或多或少地限制了足球教练员综合水平的提升;退役运动员综合了大赛的经验,实践经验相当丰富,没有丰富的足球运动专业知识理论发挥指导性作用,这对教练员整体水平的提升也有限制作用。尽管我国多数足球教练员存在这两项问题,但是我国教练员培训课程并未就这两类教练员开展针对性授课。

3. 不重视教练员的质量

相关调查表明,我国高级教练员的培训后期考核通过率是100%,高级教练员只需参与培训即可通过,这和英国高级教练员52%的培训后期通过率形成了很大悬殊,这也说明我国教练员培训重视形式而忽视质量的问题。

4. 教练员培训课时不合理

和足球强国相比,我国足球教练员培训只侧重于形式主义和培训效率,但忽视了实践与质量的重要性,和世界足球强国存在较大差距,如我国

足球教练员培训时长短且分配不均、讲师授课时间过长、培训内容中实践部分所占比例小。

5. 教练员的文化水平低

要想把"中国足球从娃娃抓起"这句话落到实处,就必须配备综合能力强的教练员。具备综合能力强的足球教练员是实现"教学相长"的基础条件。截至当前,足球教练员文化水平低已经成为影响我国足球运动发展的问题之一,当前我国绝大部分教练员都是退役队员,通常仅对退役队员进行短时间教练员岗位培训。众所周知,我国足球运动员接受专业化足球训练时年龄尚小,接受的文化教育相对有限,直至扮演足球教练员这个角色,其知识能力和教育能力都还有待增强。

6. 教练员相应的评定考核制度不健全

自很早开始,我国教练员评定考核都过于重视形式,未对足球教练员各方面水平进行深入而全面的考核和考查,这里认为考核足球教练员应当从基础理论和专业实践两个方面着手。

要想使我国足球教练员的整体水平有所提升,就必须定期组织足球教练员参与相关考核。在足球运动持续发展和新型技战术相继出现的情况下,足球赛事的激烈程度持续增加,足球教练员要想更好地适应强烈的比赛节奏就必须紧跟时代发展节奏且积极学习崭新的足球理论知识和足球实践技能,从而使自身的专业能力得到持续性强化。但截至当前,我国仍未制定出一套评定和考核足球教练员的完善制度体系。

(三)我国教练员队伍培训体系的完善办法

1. 严格培训制度、加强监督管理

持续加大对足球教练员的监督管理力度和资格审查力度,以谨慎的态度组织和开展各式各样的足球教练员培训活动,想方设法使足球教练员的整体水平得到大幅度提升。

2. 重视教练员后天教育,提高教练员训练水平

要想增强足球教练员对足球运动发展节奏的适应能力,就必须定期组织足球教练员参与后天培训活动,促使足球教练员紧跟时代发展节奏,不断更新足球运动理念,不断丰富自身的足球理论知识和实践活动经验,最终达到使足球教练员训练水平得到大幅度提升的目的。

3. 建立和完善教练员考核制度和标准

建立健全考核足球教练员的制度和标准务必要参照相应标准。因为足球教练员在知识、能力、思想等方面难免存在或多或少的差异,同时教练员的知识、能力、思想诸多方面是相互渗透的关系,所以应将教练员的多方面能力都作为考核标准。这里认为,足球教练员的思想发挥主导性作用,能力发挥主体性作用,知识则是评判基础。

运动员实际水平对整支球队甚至整个国家的足球运动水平都有决定性作用,此外教练员发挥的作用也是不容忽视的,原因在于教练员水平对球队水平有直接性作用,足球教练员发挥的直接性影响已经获得诸多足球强国的肯定。结合我国足球教练员的大体情况,截至当前,足球教练员已经成为限制我国足球运动快速发展的重要因素,当前很多足球强国都已经形成了一整套严谨且完整的足球教练员培训体系,同时把提高教练员质量设定为一项重要任务,反观我国的足球教练员培训,则显现出明显的形式主义倾向,没有制定出如其他足球强国那样严格且健全的教练员晋升制度。我国足球教练员和足球强国教练员存在的诸多差异,就是我国足球教练员水平偏低的直接性原因,也是我国足球队水平偏低的间接性原因,足球队水平低下的现状必然会限制我国足球运动水平的提高。我国培养足球教练员的当务之急是加大教练员培训力度,设法培养出更多综合实力强的足球教练员,以更快的速度和世界级教练员接轨,推动中国足球走向世界。

五、运动员文化素质对我国足球运动的影响

（一）我国足球运动员文化素质现状调查

1. 文化素质低

当前,我国职业足球培养模式是业余体校—少年队—青年队—成年队—国家队,承担培养足球运动员任务的组织和单位将运动员文化素质教育置于次要位置,只想足球运动员灌输"踢球"这一种观念,文化素质再差也能进队踢球。相关调查表明,我国足球运动员在踢球上花费的时间是学习文化课花费的时间的十几倍,此外很多调查结果显示我国为数不少的足球运动员文化素质都偏低。但反观西方足球强国会发现,绝大多数职业球员的文化素质都比较高,如巴西知名度较高的大牌球星都是大学出身,再

如日本职业足球运动员和韩国职业足球运动员也普遍是大学毕业,这和我国形成了巨大反差。因为我国政府和地方足球协会未能真正关注和重视足球运动员文化课学习,所以使得我国很多球员对学习文化课持排斥的态度,这难免会制约球员综合素质的提升,由此造成的后果是足球运动员职业水平发展受限以及与世界接轨的速度受限。受文化素质低下的影响,我国很多球员出现了思路狭窄、墨守成规、创新意识薄弱、技战术应用能力弱等问题,这使得很多在比赛中失利的运动员只会在自身训练方面以及外在方面找原因,未深刻意识到自身文化素质低下的问题,此外我国足球运动员把踢球和搞文化彻底分开,限制了我国足球运动的发展,使得我国迟迟不能登上世界大舞台。

2. 文化素质与竞技能力

现代足球运动不只要求运动员具备竞技能力,还要求运动员具备高效学习和应用各项运动技能的能力,运动员要想达到这两项要求就必须在先天智商和后天努力两个方面占据优势。与此同时,在足球运动快速发展和崭新打法层出不穷的当下,只有具备很高文化素质的运动员才能游刃有余地应对瞬息万变的技战术变化和新生事物,才能以更高的效率掌握足球赛事的相关规律且不断提高比赛成绩。

3. 心理素质与文化素质

具备良好心理素质是足球运动员需要达到的基础性要求,具备良好心理素质有助于足球运动员沉着应对参赛过程中的突发事件,当比分落后时能准确分析出具体的技战术意图,从而逐步达到反超比分和赢得比赛胜利的目的。与此同时,足球运动员具备较高的科学文化素质是其塑造出良好心理素质的前提,原因在于复杂的思维活动离不开科学文化知识发挥基础性作用,当运动员智力达到特定水平后才能具备良好心理素质,才能创造出优异的比赛成绩。

4. 文化素质能解决运动员退役后的发展问题

关于足球运动员退役后生活的诸多调查结果显示,具备较高科学文化素质的运动员在退役后往往能比较顺利地找到适合自己的发展空间,如巴西知名球星苏格拉底在退役后成为出色的牙科医生,丹麦足球明星尼尔斯·玻尔退役后在科学领域(物理)获得了不俗的成绩。由此可见,具备良好文化素质能使足球运动员获得更好的比赛成绩,也能使足球运动员在退役后找到适合自己的就业道路,如此能或多或少地缓解国家就业压力。

(二)我国足球运动员文化素质状况的改善对策

1. 转变观念,重视运动员的文化课学习

任何足球学校和球队都应当将运动员文化课学习当成大事来抓,要把文化课学习和专业训练置于同等重要的位置,设置专门的文化课考试和考察,严禁成绩不达标的足球运动员参与足球专业训练和足球赛事,直至运动员成绩达标。对于足球职业队而言,设立专门的文化课教师有很大的必要性,原因在于在专业训练以外的时间向运动员传授文化知识、组织运动员参与考试和考核、将运动员成绩与其收入联系在一起,如此能在某种程度上激发足球运动员的主观能动性,逐步夯实足球运动员文化素质的整体基础,为足球运动员可持续发展奠定稳固的文化基础。

2. 重视教练员的文化素质提高

作为一名现代足球教练员,具备较高足球专项技术素质和文化素质是其必须达到的基础性要求。足球教练员不仅要不间断地学习新知识和掌握新技能,也要对感知的东西实施科学分析与全方位处理,还要切实有效地传授给每一位足球运动员。足球教练员对运动员产生的影响相当深远,对整支球队的比赛成绩也有决定性影响。截至当前,我国绝大部分足球教练员都是专业运动员出身,总体文化水平偏低,对我国足球运动可持续发展产生了很大限制。但反观很多足球强国都已经建立了培养和适应足球教练员的完善制度体系,为教练员队伍应有较高素质提供了保障,也为其球队在世界足坛上充当常胜将军提供了保障。因此,我国必须系统性地、科学地培养文化素质较高的足球教练员。

综上所述,当前我国足球运动要想顺利走上国际舞台,当务之急是推动我国足球运动员的文化素质获得大幅度提升,原因在于提高足球运动员文化素养是提高其他素质的基础,如此足球运动员才能在比赛场上娴熟而自如地应用已经掌握的足球技术和战术,沉着应对赛场上的各种突发事件,如此即便遇到再大的困难也能迎刃而解。综合分析很多国家的高水平球队会发现,这些球队队员的文化素质普遍较高,同时往往能比较高效地完成各项学习任务和训练任务,还能抓住最佳时机实现自身的技战术意图。因此,加大对我国足球运动员科学文化素质的培养力度是我国和世界足球接轨必须完成的任务。

第二章　新时代足球运动文化的改革与发展

　　与足球强国相比,我国足球运动水平明显处于劣势,不仅比不上西班牙、法国、巴西等传统足球强国,近年来与亚洲日、韩、伊朗等国的差距也逐步加大。导致出现这一状况的原因是多方面的,需要从长计议。在新的时代背景下,为扭转我国足球发展的颓势,争取早日摆脱这一困境,就要逐步加大足球改革的力度。

第一节　足球运动文化的内涵

一、足球运动文化的概念

　　作为一种特色鲜明的文化现象和形式,足球运动在人们日常生活中的地位越来越重要。足球运动可以说是一种集合体,具有各种参与主体形成的形态特质,它存在于一定的形式和状态之中,是精神和物质的有机结合。历经长期的发展,足球运动已建立和形成一个比较健全和完善的文化体系。

　　足球运动文化的层次鲜明,内容丰富,是体育文化的重要组成部分。有学者将足球运动文化概括为:足球运动文化是指参与主体通过足球这项运动和实践所创造的所有物质、制度和精神财富的总和。依据文化三要素(物质、行为和心理),可将足球运动文化也分为足球物质要素、足球行为要素及足球心理要素。其中物质要素主要是指一些场馆设施以及相应的足球产品;行为要素则是指与足球运动文化相关的制度和规范;而心理要素则是指与足球运动相关的精神文化,包括思想道德、价值观念等方面。

二、足球运动文化的组成

　　足球运动文化的内涵非常丰富,可分为足球物质文化、足球制度文化和足球精神文化三个方面。其中物质文化是基础,制度文化是保障,精神文化是内核,缺一不可。

（一）足球物质文化

足球物质文化是指在足球运动过程中，参与主体在认识、改造和适应等活动中所取得的成果，如足球场地、器材、设施以及思想的物化品等都属于足球物质文化。唯物主义论认为，物质与意识之间的关系非常密切，物质决定意识，意识反作用于物质。在足球运动文化发展的过程中，物质文化是非常重要的基础，能保障足球运动的可持续健康发展。足球物质文化体系中，足球场地、设备、器材等都是客观存在着的，能看得见摸得着的有形事物。另外，除了这些有形事物外，足球运动有关的思想物化品也属于物质文化的内容，如足球比赛视频、俱乐部队歌以及各种足球电影等。

（二）足球制度文化

足球制度文化是指参与足球运动的主体经过不断地进行自我完善和改进运动实践方式以及相关制度的产物，它对足球运动的健康发展具有重要的保障作用。足球运动制度主要是指管理和规范足球运动发展的一些规章制度和发展章程等。

足球制度文化的内涵非常丰富，主要包括三个层面的内容，即参与主体的角色和组织形式、组织的服务结构和相关的足球规章制度。如足球参与主体在具体活动中会有不同的工作内容和职责，如前锋、后卫、门将等职责分工不同，只有各人有自己明确的分工才能保证足球运动的正常进行。他们在相应的组织形式中开展足球活动。另外，为了推动足球运动的发展，各类组织机构也从中起到重要的作用，如各类足球协会（国家级、地区级、洲际性质、国际性质）都归属在足球制度文化的组织结构层面，对足球运动的发展起到重要的保障作用。

（三）足球精神文化

足球精神文化是足球运动文化体系的内核，它对足球运动文化的发展起到重要的指引作用。足球精神文化主要包括参与主体的思想观念和价值体系等方面，是人们在改造客观世界的过程中所获得的最终成果。除此之外，各种足球艺术和行为也属于精神文化这一层面的内容。

具体而言，足球运动精神文化就是在足球运动发展的过程中逐渐建立、形成、完善和发展的各种哲学、制度、知识和审美评价等，这些方面都是足球的相关思想和意识形态的集中反映。它对足球运动的发展起着重要的规范和指引作用，确保足球运动向着健康的方向发展。

综上所述，足球物质文化、足球制度文化和足球精神文化共同构成了足球文化的整体,这三个方面的内容相互联系、相互促进,共同推动着足球运动的发展。足球文化系统中的各个要素具有不同的角色和作用,其中物质文化是处于最外层的文化,精神文化是内涵,制度文化是保障,介于物质文化与精神文化二者之间。

三、足球运动文化的功能

(一)能创造丰厚的经济效益

足球运动本身具有重要的文化价值,这一文化价值能给人们带来"收益"。发展到现在,足球运动成为一种重要的文化现象,各种类型的足球赛事吸引着大量的观众到球场上观看比赛,在完善人们业余文化生活的同时,也给足球俱乐部带来了巨大的经济利益。虽然中国足球运动与足球强国之间的差距非常大,但也创造了巨大的经济效益,促进了社会经济的发展。

(二)提升了足球品牌价值,拓展职业联赛发展空间

从1994年中国足球步入职业化以来,如今已有25个年头,在这二十几年的职业化发展过程中,虽然历经坎坷,发生了一系列不好的现象,如假球、黑哨等,但职业联赛的影响力是在不断提升的,中超联赛也逐渐成为一个重要的体育品牌。赞助中超联赛的知名企业越来越多。也吸引了一大批国际著名教练和球星加盟中国足球职业联赛,如里皮、佩莱格里尼、贝尼特斯等世界知名的教练先后来中国执教,一些高水平的足球运动员,如奥斯卡、浩克、卡拉斯科、佩莱、费莱尼、保利尼奥等相继加盟中超俱乐部,这在促进俱乐部成绩提高的同时也扩大了俱乐部的世界影响力。这些都促使中国足球市场逐步成为全世界最具发展潜力的市场之一。

随着中国足球职业联赛影响力的不断提升,中超联赛甚至在世界上都形成了一个品牌,这无疑会进一步拓展中国足球运动的发展空间。在中国足球职业联赛发展的过程中,会形成各种各样的独特的足球文化形态,球场文化、球迷文化、俱乐部文化等深深吸引着人们的目光,对于足球运动在我国的普及、推广与发展具有重要的意义。

(三)体现足球运动员个体自身价值

一般来说,人的价值具有重要的二重属性,即人既是价值的主体,同时又是价值的客体,二者是相互统一、共同发展的关系。足球运动作为一个

客体,在个体价值实现的过程中起到了非常重要的中介作用。如孙继海、杨晨等老一代运动员加盟欧洲高水平足球职业联赛,近年来武磊加盟西班牙人足球俱乐部都体现了足球运动员的个人能力,同时也体现出了中国足球的发展实力。足球运动员通过这些活动向人们证明了自身的价值和实力。足球运动深受国内球迷的喜爱,足球运动员只要遵守比赛规则,在比赛中勇于拼搏,展示出自己的竞技实力,就能获得社会的尊重,受到球迷的认可,因此体现出自身的价值。

在市场经济高度发展的今天,经济成为衡量运动员运动实力和价值非常重要的一方面,世界知名球星的转会费和年薪都非常之高,如当今世界足坛,前巴萨球星内马尔转会法国巴黎俱乐部,俱乐部为此付出了2.2亿欧元的代价,这体现了足球运动员的经济价值和巨大影响力,通过这一天价转会费,运动员极大地证明了自身的价值。

（四）能调节人们的心理平衡

处于社会之中,人们都有自己的各种需求,人的社会化过程就是不断认知和学习的过程。而社会文化的重要功能之一就是满足人们的各种需求。以人们参加足球运动为例,通过参加足球活动或比赛,人们获得了愉快的心理体验,其参与足球运动的过程实际上就是参与社会活动的过程,在这一过程中人们能获得一定的情感需要。处于社会大环境之中,人们难免有时会因受到一定的约束而感到压抑,导致情绪低落,而通过参加足球运动,人们可以尽情宣泄自己的情感,发泄自己的不满,这能极大地调节心理平衡状态,促进人格的完善与发展。对于中国足球而言,虽然其竞技水平不高,没有取得多么令人满意的成绩,但中国足球也给球迷带来了一定的快乐,获得了快乐的情感体验。在职业足球联赛发展的过程中,时常会出现一些不和谐因素,如观众闹事影响比赛秩序,导致赛场混乱等,但从某种角度而言,观众闹事也是一种宣泄情感的过程,有利于人们调节心理平衡,缓解工作与生活压力,对于调剂人们的生活具有重要的意义。

四、足球运动文化的特征

（一）高度的商业性

可以说,商业性是现代体育运动的重要表现之一,随着现代社会经济的不断发展,体育运动的商业性质也越来越明显。而足球作为体育运动的重要组成部分,其商业性质也呈现得淋漓尽致。

在现代市场经济发展的背景下,足球运动的内涵越来越丰富,丰富人们的文化生活已不是足球运动的唯一目的,通过职业联赛或各种足球比赛的运作能为社会创造极大的经济价值,这就是足球运动商业性的重要呈现。从经济学上来看,足球属于一种特殊的商品,这种商品蕴含着不可估量的经济价值。世界上那些传统豪门俱乐部,如皇家马德里、巴塞罗那、曼联等,通过经营与管理每年都会获得丰厚的收入。当然,与这些世界豪门相比,中国足球俱乐部的商业操作水平还难以与其相抗衡,但尽管如此,中国大部分足球俱乐部通过门票、广告费、电视转播费、冠名权等也获得了不菲的收入。由此可见,足球运动呈现出高度的商业性特征。

（二）深刻的教育性

对于任何一项体育运动而言,其本身都具有一定的教育特征,足球运动也不例外。可以说,教育功能是足球运动的原始特征之一,随着足球运动的发展而发展。如足球比赛制定的"越位"规则就具有重要的教育特征。最初越位是指士兵掉了队,失去了参加战斗的资格和权利。而足球比赛中的越位则是限制进攻队员事先侵入和偷袭防守者身后,防止比赛中的一方投机取胜。另外,在世界杯、欧洲杯、亚洲杯等大型的足球比赛中,比赛双方在赛前都会举行升旗仪式,通过这一举动能极大地振奋民族精神,激发爱国热情。而在足球比赛结束后,双方队员相互交换球衣也表现出对对手的尊重。这些都充分彰显出足球运动的教育性特征。

（三）良好的健身性

随着现代社会的不断发展,科学技术的利用率越来越高,高科技手段的利用代替了部分劳动者的体力劳动,体力已不再是社会生产力的重要因素,但是,在这样的生产方式下,人们的体质呈迅速下降趋势,身体运动能力逐渐降低,现代社会文明病逐渐兴起,在这样的背景下,体育运动重新受到重视,参加体育运动锻炼来提升身体素质成为社会上一种潮流。而足球运动作为一种重要的体育运动方式,其不仅具有良好的健身性特征,同时还具有较强的娱乐性,因此受到广大健身爱好者的欢迎和喜爱。

大量的实践表明,经常参加足球运动锻炼对于改善和发展人的生理机能具有至关重要的作用。足球运动强调对抗,在比赛中经常会出现频繁的身体接触,运动者需要不断地进行冲刺、急停急起、折返跑等大强度的运动,这对运动者力量、速度、灵敏、弹跳、耐力等身体素质的发展具有非常大的帮助。长期参加足球运动,能极大地增强身体素质。因此说,健身性也是足球运动的重要特征之一。

（四）极强的娱乐性

纵观足球运动的发展史,足球运动起源于游戏,而游戏本身则具有强烈的趣味性和娱乐性,人们参与其中能获得愉悦和快乐。足球运动起源于游戏,在发展之初,人们参加足球运动的主要目的是娱乐。而经过各个时期的发展,足球运动的内涵、价值等不断丰富,但娱乐性始终是足球运动的重要特征之一。即使是在当今高度商业化的足球职业联赛中,表面看是为了获得优异的比赛成绩,但实质上也是为了满足俱乐部、球迷的需要,获得优异的比赛成绩不仅能为俱乐部带来可观的经济利益,还能提升俱乐部的影响力。球迷是足球运动的"上帝",没有球迷的支持和参与,足球运动就不可能获得健康的发展。而娱乐性是足球运动的重要特性,如果没有了娱乐性,球迷就很难对足球运动产生充足的兴趣,这也不利于足球运动的进一步发展。

（五）密切的团队性

足球是一项团队性运动,要想取得比赛胜利,需要团队中人与人之间的密切配合。团队性可以说是竞技体育集体项目的重要特征,对于足球运动而言也是如此。足球运动是一项集技术、战术于一体,讲究个人技巧和团队战术配合的综合性运动项目。如果没有团队合作精神,即使拥有再强的个人实力也难以获得比赛的胜利。在足球比赛中,虽然某些比赛会因为球星的"闪光"获得了胜利,但这种情况毕竟是少数,如果没有队友的铺垫与支持,球星也难以闪光,难以获得好的发展。在世界足坛中,存在着这样一种情况,那就是有的球员在原来的球队表现非常好,表现出良好的竞技状态,但在转会之后,在新的俱乐部却一直没有表现出原来的竞技状态,无法证明自己的价值,这一情况是非常多的。究其原因,除了一些客观因素外,其中一个非常重要的因素是这些球员没有很好地融入到球队之中,不能适应新的技战术体系,难以发挥出整体的效能,由此可见团队合作的重要性。

第二节　我国足球运动文化发展中的异化与偏离

足球运动文化在改革与发展过程中难免会遇到一定的阻碍,这是不可避免的,为冲破这些阻碍和限制,足球运动就会出现一定的异化与偏离的现象。而要想推动足球运动文化的健康发展就要冲破藩篱,将足球运动拉到正常发展轨道上来。

一、我国足球运动文化发展中的异化

足球运动文化的内涵非常丰富,主要包括物质文化、精神文化、制度文化、行为文化等几个方面的内容,这几个方面相互联系、共同构成足球运动文化体系。文化是指一种反映人的价值观和意义的体系及在物质形态上的具体化,这一体系在发展的过程中逐渐被某个群体或社会所接受和认可,并形成人们共同遵守和维护的准则。足球运动文化的发展也大抵如此。当前中国足球之所以面临着发展的困境,与其没有遵循足球运动发展的规律、出现一定的异化现象有着密切的关系,这是导致我国足球运动水平停滞不前,甚至大大下降的重要原因。总的来看,我国足球运动文化发展中的异化现象主要体现在以下三个方面。

(一)足球价值观的异化

足球运动的发展是一个长期的过程,只有通过青少年足球人才的挖掘与培养,职业足球俱乐部等层面的健康发展才能保证足球运动的可持续发展。但是目前我国足球运动发展中普遍存在的一个情况是急功近利,功利主义盛行,出现一些违背足球发展规律的事情,足球运动的发展非常盲目,没有一定的原则性和目标性,这种价值观念上的异化严重制约和影响着我国足球运动的进一步发展。

(二)竞技体育精神的异化

竞技体育精神缺失也是导致我国足球运动停滞不前的一个非常重要的原因。在很长的一段时间里,不论是国家队、职业俱乐部还是具体到球员个人,都在一定程度上缺少对事业的追求,缺少对精神高度的追求,足球运动员很难像中国女排那样给社会、给人民群众带来精神上的激励,与之相反的是,中国足球的各种负面消息不断,在社会上产生了不良的反响,这一异化现象严重影响着中国足球的健康发展。

(三)足球管理方面的异化

经过长期的发展,一些足球强国已建立和形成了一套健全和完善的管理体制,政企分开,政府主要为足球发展而服务,并不会过多干预足球运动的发展。而我国则与之相反,目前还存在着各种不合理的管理现象,一些错误的行政手段和指令难以促使足球运动获得规律性发展,在这样的情况下,中国足球与世界足球强国之间的差距越拉越大,竞技足球事业难以获得快速发展,足球群众基础也难有突破。因此足球管理方面的异化现象严重影响到中国足球的进一步发展。回归足球本位,淡化行政管理,让足球获得规律性发展成为足球运动改革的重中之重。

二、我国足球运动文化发展中的偏离

在足球运动发展的过程中,不论是足球运动的精神、物化形式,还是足球运动的参与者,最终的受益者都是人本身,因此坚持"以人为本"是足球运动发展的基本原则。当前,中国足球处于一个不容乐观的局面,不论是竞技水平还是社会舆论都处于一个困境之中。总的来看,中国足球文化在发展的过程中出现了一定的偏离,主要表现在器物层面、精神层面和制度层面等方面,这对中国足球的可持续发展是非常不利的,需要采取有针对性的措施和手段加以改革与发展。

（一）器物层面

足球运动的器物层面主要包括技战术训练模式、身体训练手段与方法等。在足球技术训练中,很长一段时间以来,我国足球教练员往往只重视单一技术的练习,连贯性技术练习不够,并且与实战的结合也不够。并且在技术练习之后,没有向技能练习的过渡,这对运动员实战水平的提高是非常不利的。在平时的训练中,运动员的技术水平一般都能发挥出来,甚至进行考核的话也能得到一个不错的成绩,但真正落实到比赛中,足球运动员的技术就很难充分发挥出来,这给人一种国内球员普遍技术不行的错觉。实际上,并不是简单的中国球员的技术不行,而是没有进行相应的技能训练,即在实战情况下进行训练,缺乏实战的演练。在战术上同样存在这样的问题。很多教练为了追求所谓的训练效果,让一个战术能顺利地进行下去,往往命令防守队员消极防守,甚至只是做做样子,看似训练效果很好,球员能很顺利地完成该战术训练,但到了实战比赛中,在对方高强度的逼抢之下,这些战术又成了花拳绣腿,难以发挥出训练中的效果。这就形成了一种恶性循环。

在身体素质训练上,中国足球运动员的体能历来是一个需要提高的地方。在实战比赛中,国内球员的体能比国外球员差一大截,其原因在于我国足球运动员的身体训练理念没有和实际比赛情形相结合,所采用的训练内容、训练方法和手段并不适用于足球领域,即使取得了一定的训练效果,但对足球比赛的帮助并不大。因此,我们亟需更加专业的足球专项体能训练。

综上所述，为促进我国足球运动员训练和比赛水平的提升，应尽可能地在比赛情景下进行训练，不断完善训练内容，更新训练方法和手段，使日常训练更加贴合比赛实际，如此才能有效提高运动员的训练水平，才能在实战比赛中充分发挥出自身水平，取得理想的比赛成绩。

（二）精神层面

在精神层面，中国足球在发展的过程中，常常忽略了这一方面的发展。人们对足球运动的认识和观念大都向着物化的方向发展，这就导致重运动成绩、重个人利益，而忽视了足球运动长远发展的现象。足球比赛体现出一定的公平、博爱的精神理念。这一理念是中国足球比较欠缺的，导致在一些国际比赛中，缺乏对足球运动本身和对手的尊重，以致于出现一些负面现象。如2008年东亚四强赛对阵日本的比赛，无论是球员还是球迷，对待日本队员的态度和种种不和谐的现象，引起了国际社会特别是日本国内的不满，以至于上升到了政治的高度，这对于中国足球的国际形象是非常不利的。而反观美国和伊朗的比赛，虽然当时两国政府之间关系特别紧张，但这丝毫没有影响到双方球员，两国队员依然为观众奉献了一场高质量的比赛，赛后双方队员的互动、握手拥抱等，也让世界人民动容。通过这一例子，说明在足球精神层面，我国是比较欠缺的，过于重视运动成绩而忽略了足球精神方面的发展。

（三）制度层面

在制度层面，中国足球也存在很多不足的地方。在今后的发展中我们应从制度设计和足球人才培养方面着重进行发展。长期以来，我国各个行业都存在着"管办不分""政企一体"的现象，这种现象导致足球运动的发展脱离了正常的轨迹，难以获得健康的发展。1994年，中国足球走上职业化发展的道路，但由于体制不健全，在某一阶段，中国足球被假球、赌球、黑哨等负面形象所侵吞，足协相关领导也因为滥用职权贪污受贿而锒铛入狱。因此，加强足球体制的改革势在必行。

在足球人才培养方面也存在着严重的问题。历来我国足球人才的培养都比较注重灌输的方式，而对运动员的思想观念、人生观、价值观等的引导则比较欠缺。这种灌输方式导致运动员不能深刻理解足球运动文化的内涵，导致足球运动的发展缺乏个性和创造性。在足球人才培养的体系中，文化课的学习也不足，运动员的文化水平普遍不高，这导致在遇到一些特殊情况时其处理方式会出现一定的极端现象，比赛中恶意伤害对手，赛场外和球迷等出现冲突，这对中国足球的形象是比较不利的。而纵观国外足球人才的培养,则比较注重其运动精神的培养。在球场上我们会经常看到教练员和队员的互动,且这种互动都是以开放式的问题提出,让球员自己思考出现的问题和解决的办法,并鼓励球员在训练和比赛中去应用。除了足球专项的练习,球员会得到更多文化课的学习机会,而且这种模式会持续到国内的高中阶段,这样球员既能获得专项足球技术的训练,又能获得较好的文化知识,即使不能进入职业联赛从事职业球员,也能进入大学进行足球理论和训练的研究,将来从事教练或者科研工作,经过长期的发展,其足球理论与实战水平必然稳步提高。体教结合,是足球人才培养的必然途径,因此,足球人才的培养与发展不能仅仅只重视其运动技能的培养,也要注重其文化、精神品质的教育和培养。

第三节　新时代我国足球运动改革发展方案

为推动中国足球运动的进一步发展,2015 年 2 月 27 日,在中央全面深化改革领导小组第十次会议上,审议通过了《中国足球改革发展总体方案》(以下简称《方案》)。该《方案》的发布为中国足球的未来发展指明了前进的方向和道路,表明了党和国家领导人促进中国足球健康、快速发展的决心。

一、《中国足球改革发展总体方案》的目标

《中国足球改革发展总体方案》的总体目标主要分为近期目标、中期目标和远期目标三个方面。

(1)近期目标。建立健全中国足球管理体制,制定足球中长期发展规划,参考和借鉴国外足球强国的先进模式并结合中国实际创建具有中国特色的足球管理模式。

(2)中期目标。通过足球人才的培养,实现青少年足球人口大幅增加,职业联赛水平达到亚洲一流,国家男足跻身亚洲前列,女足重返世界一流强队行列。

(3)远期目标。中国成功申办世界杯足球赛,男足打进世界杯,青年足球进入奥运会并取得优异的比赛成绩。

二、《中国足球改革发展总体方案》的重点内容

(一)调整改革中国足球协会

该《方案》提出,在今后的发展过程中,要进一步改革和调整中国足球

协会,依据中国足球发展的实际情况,建立一个良好的运行管理机制。强调足球协会要明确自己的定位与职能,优化领导机构,健全内部管理机制,健全协会管理体系等,使足球协会成为推动我国足球运动健康发展的火车头。

（二）改革完善职业足球俱乐部建设和运营模式

为规范我国职业足球俱乐部的管理,推动我国职业足球俱乐部的健康发展,该《方案》提出各职业足球俱乐部应注重自身的建设与发展,健全各项规章制度,加强自律管理,遵守行业基本规则,积极承担社会责任,接受社会、群众的监督。除此之外,各职业足球俱乐部还要完善俱乐部法人治理结构,加快现代企业制度建设,立足长远,促进俱乐部的可持续发展。另外,还要制定俱乐部人才引进规划,加强俱乐部工作人员的薪酬管理规范,调整俱乐部运动员转会手续费政策,逐步减轻俱乐部财政负担,实现俱乐部的健康发展。

（三）加强校园足球改革,推动校园足球发展

该《方案》指出要深化校园足球改革、培养全面发展的人才,逐步扩大足球人口规模、夯实足球人才根基,吸引大量的学生参与到足球运动之中,促进学生的全方面发展。另外,各地区的中小学要把足球列入体育课,加大足球学时的比重。重点扶持一些足球运动基础较好的中小学,以此为榜样带动其他地区校园足球运动的发展。同时,为挖掘与选拔出大量的足球人才,还要建立一个纵横贯通的大学、高中、初中、小学四级足球竞赛体系,实现足球人才的规模化成长。这对于中国足球的可持续发展具有重要的意义。

（四）普及发展社会足球

该《方案》提出,要坚持以人为本的基本原则,进一步普及与推广社会足球,不断扩大足球人口的规模。鼓励社会各类组织及单位开展多种形式的足球活动,吸引人们参与其中,提高人们参与足球运动的积极性。另外,国家及地方政府部门也要从经费、场地、时间、竞赛、教练指导等方面支持社会足球的发展。

在今后中国足球发展的过程中,要将社会足球与职业足球结合起来共同发展。只有社会足球人口增多,水平提升才能为职业足球的发展提供良好的人才选拔基础。而职业足球发展了也能反过来吸引人们自觉参与到足球运动之中,推动社会足球的普及与发展。

（五）改进足球专业人才培养发展方式

（1）拓展足球运动员成长渠道和空间。

（2）加强足球专业人才培训。

（3）加强足球管理人才培训。

（4）设立足球专业学院和学校。

（5）做好足球运动员转岗就业工作。

（六）推进国家足球队改革发展

（1）积极采取措施促进国家足球队的发展，加大改革力度，向世界足球强国看齐，稳步提升国家队水平。

（2）健全和完善职业足球运动员的选拔机制。优先选拔为国效力愿望强烈、具有优良意志品质的优秀运动员进入国家队。建立和完善青少年足球人才选拔机制，选拔与培养高素质的青少年足球后备人才。

（3）提高服务保障能力。建立良好的足球服务保障体系，在国家队经费投入、基地建设、后勤服务、情报信息等方面提供良好的保障，不断提高足球运动服务水平。

（4）加强足球教练员团队建设。建立一个严格和规范的国家队教练及管理团队遴选、考核评价机制，为足球运动员竞技水平的提升提供良好的保障。

（5）统筹国家队与俱乐部需求。科学制定符合我国国情和职业足球规律的国家队工作规划及管理体系。

（七）加强足球场地建设管理

（1）要进一步扩大足球场地数量，为社会群众尤其是青少年提供完善的足球场地条件。相关部门要研究和制定全国足球场地建设规划，满足社会居民和学生参加足球运动的需求。

（2）政府部门要对足球场地建设给予必要的政策扶持。对社会资本投入足球场地建设，应当落实土地、税收、金融等方面的优惠政策。吸引社会力量加强足球场地的建设。

（3）进一步提高足球场地设施运营能力和综合效益。提高学校足球场地的利用率，在课余时间免费或者以收费的形式向社会开放，建立一个学校和社会足球场地的共享机制，共同推动社会足球与校园足球的发展。

（八）完善足球投入机制

（1）进一步加大财政投入。我国各级政府部门要积极加大对足球的投入，各部门在安排足球相关经费时，应给予适当的政策倾斜。

（2）成立中国足球发展基金会。基金会要按章程管理运行，信息要公开透明，并接受社会大众的监督。

（3）加大彩票公益金支持足球发展的力度。每年从中央集中彩票公益金中安排一定资金，资助中国足球发展基金会，其中一部分专项资金要用于青少年足球人才的培养及各种足球活动。

（4）加强足球产业开发。构建一个相对健全和完善的足球产业链，提升足球产业收益，促进我国足球产业的健康发展。

（5）加大中国足球协会市场开发力度，尽可能地实现足球市场开发收益，并引入新的竞争主体，促进各市场主体之间的平等竞争，形成足球产业健康发展的机制。

（6）建立足球赛事电视转播权市场竞争机制。创新足球赛事转播和推广运营方式，增加新媒体市场收入。

（7）鼓励社会力量发展足球。吸引一些知名企业和个人投资职业足球俱乐部，拓宽职业足球俱乐部的资金来源渠道，推动俱乐部的进一步发展。

（九）加强对足球工作的领导

（1）体育总局和教育部应制定相应的推动校园足球发展的对策，主管校园足球的部门要各司其职、各负其责。

（2）地方各级体育行政部门要大力支持当地足球协会工作，采取各种手段和措施促进本地区足球运动的发展。

（3）各部门要加强足球行业作风和法治建设。

（4）营造良好的足球舆论环境。在群众中做好宣传，引导人民群众客观认识当今我国足球发展的现状，理性对待中国足球，构建一个有利于我国足球健康发展的舆论环境。

（5）重点扶持足球基础好、足球氛围好的地区足球运动的改革与发展，并推广这些地区的足球发展经验，以点带面，推动提高。

第三章　新时代足球运动产业的改革与发展

　　随着社会和经济的发展,足球运动逐渐走向产业化发展道路,并成为体育产业的重要组成部分,在国民经济中的地位日益提升。在足球运动产业市场地位日益提升的背景下,足球运动拥有了更多的话语权,足球产业发展的潜力巨大。尽管中国足球产业近年来获得了不错的发展,但总体来看仍然存在不少问题,需要进一步改革与发展。本章就对新时代足球运动产业的改革与发展进行细致的研究与分析,以推动我国足球运动产业的健康、持续发展。

第一节　足球运动产业发展综述

一、足球产业的概念

　　当前,竞技体育已发展到一个非常高的高度,而作为世界第一运动的足球也不断向前发展,逐渐形成了一个庞大的产业市场。经过长期的发展,围绕足球这一运动逐渐形成了一定的产业经济圈,与其他经济产业一样,也拥有大量的经营内容,经营的项目主要包括足球商品经营、足球赛事、足球服务行业经营、足球资产经营等相关方面。足球产业可以说是伴随着足球运动发展到一定程度而衍生出来的一个附属体,其诞生对国家或地区经济的发展具有极大的推动作用,能为各行各业带来可观的经济效益,随着足球运动的快速发展,足球产业经济逐渐成为国民经济的重要组成部分。

二、中国足球产业发展概况

　　1994 年,中国足球开始走上职业化发展的道路。由此拉开了足球产业发展的序幕。通过多年的发展,我国足球产业取得了一定的成绩,在体育产业经济中扮演着十分重要的角色。但由于我国足球产业的起步较晚,目前还处于一个较低的水平,与足球强国相比还存在较大的差距。为推动我国足球运动及足球产业的快速发展,我国体委曾经派遣专业人员到国外学习先进的足球产业理念。我国职业足球联赛开幕以来,一段时间里足球市场异常火爆,这不仅推动了各地区经济的发展,同时也丰富了人们的精神文化生活。中国职业足球联赛经历了各个时期的发展,从最初的甲A联赛到如今的中超联赛,截止到 2019 年,中国足球职业联赛已有 25 个年头,在这段时间里,中共足球既有低谷又有高潮,但不论如何,足球产业市场的规模总是不断扩大,影响力也日益加深,中超联赛近些年来也吸引了大量的世界知名主教练前来执教,如里皮、佩莱格里尼、贝尼特斯等,也吸引了大量的知名球星加入各俱乐部中,如保利尼奥、奥斯卡、浩克、卡拉斯科、费莱尼等。这对我国足球产业市场经济的发展具有极大的推动作用。

为更好地管理我国职业足球联赛,保证足球产业市场的健康发展,我国政府制定了一系列有利于足球运动发展的政策与法规,如《中国足球协会注册工作管理暂行条例》《全国足球甲级队联赛工作合同》等来引导和促进我国足球职业联赛和产业市场的发展。近年来,我国出台了中国足球改革发展总体方案,方案中提出要创新足球管理模式,增加青少年足球人口,不断推动职业联赛的发展,这些政策或方案的制定都为我国足球产业市场的发展提供了良好的保障。相信随着我国足球运动的日益发展,足球产业市场规模必将进一步扩大,在整个产业经济中占据着举足轻重的地位。

三、我国足球产业市场发展面临的问题

由于我国足球产业发展的时间较晚,欠缺一定的经验,因此在发展的过程中少不了各种挫折或困难,这是不可避免的。当前我国足球产业市场发展过程中主要面临着以下问题。

(一)法制系统不健全,市场混乱

目前,总体来看,我国足球市场的法制系统还很不健全,在各方面都存在着较大的漏洞,需要进一步完善。一个理想的足球产业市场体系应该涵盖方方面面,各方面都应有一个合理的组织体系,但当前我国的足球市场组织仅分布在少数经济发达地区,并与其他地区缺乏必要的市场沟通与交流。与国外足球强国的职业足球俱乐部相比,我国职业足球俱乐部对足球市场的认识与了解还不够透彻,没有认识到足球运动的无形资产价值,并且缺乏足球各项产品项目的开发,缺乏一定的竞争意识或者存在着不良竞争。发展到现在,我国仍然没有制定出有关足球无形资产的相关法规和制度,使得足球产业的发展没有一定的法律制度作保障。很长一段时间内,我国职业足球联赛曾经存在着大量的黑哨和假球现象,这也是足球市场产

业法规、法律不健全导致的恶果,这极大地制约和影响着我国足球产业发展的进程,对我国足球运动的可持续发展是十分不利的。

（二）足球产业市场比较狭窄

足球产业市场的各项活动可以说是基本上围绕着比赛进行的,经营的项目主要有广告、电视转播、门票、球员转会、足球彩票商业赞助以及附属项目（房地产、餐饮、小商品、体育新闻）等。这些内容可以说是比较丰富的,以上项目的发展对于足球产业市场而言至关重要。对于一些足球产业发达国家而言,他们已建立和形成了一定的足球市场规模,并且俨然成为一个网络系统,另外这些足球强国也建立了相对健全的法律法规体系,他们在门票、广告以及电视转播权都方面都能获得不菲的经济收入,而与这些足球强国相比,我国足球产业市场的发展还处于一个初级阶段,产业规模较小,难以形成较大的规模经济,有待于进一步发展。

第二节　足球运动产业市场分析

一、产业结构、体育产业结构和足球产业结构

（一）产业结构

随着现代社会的不断发展,社会各行业的产业结构逐渐升级与发展,产业结构的网络更加繁杂和完善。通常情况下,产业结构主要包括两个方面的内涵:一方面产业结构是指某个产业内部企业关系的问题;另一方面产业结构是指各个产业之间的关系结构。有学者曾经将产业结构的概念定义为:国民经济各产业之间的生产技术经济联系和数量比例关系。

"产业"可以说是介于微观经济和宏观经济之间的一种集合概念,而结构则是系统各要素相互联系、相互促进而形成的一个整体,系统内部各要素的联系极为密切,共同推动着系统的发展。产业结构则主要是指各产业之间的关系结构,研究产业结构主要是研究产业结构各要素之间的关联性。随着社会经济的不断发展,产业结构也在不断地发生变化,研究产业结构能为社会经济的发展,为社会各项经济政策的制定提供科学的依据。

一般来说,产业结构主要包括需求结构、供给结构和国际贸易结构三个部分。任何一个产业的内部结构都不是固定不变的,都处于不断的发展和变化之中。如第一产业主要包括农、林、渔等直接取自自然界的各部门,

随着经济的发展,第一产业中谷物生产和牧业生产的需求不断上升,经济作物的比重则呈下降趋势。第二产业中的制造业,则逐渐向着高科技化和"重工业化"的方向发展。第三产业则主要是服务业,随着社会经济的不断发展,服务行业在整个产业经济中的地位越来越重要,对国民经济的发展起到越来越重要的作用,因此受到各个国家的高度重视。

(二)体育产业结构

1. 体育产业结构概念与内涵

所谓体育产业结构,是指国家和地区体育行业内部各组织之间的经济联系以及其各部门的数量比例关系。通过这一概念,我们可以看出体育产业结构在一定程度上反映了体育产业各部门之间的资源配置情况,还反映了各部门之间相互联系、相互依赖、相互制约的关系。

在研究体育产业结构时,研究者要明确产业部门的变动规律,制定合理化的产业结构政策。一般来说,可将体育产业结构分为以下几个形态。

(1)产值结构

体育产业产值结构是指体育产业总产值占国民生产总值的比重以及产业内部各行业的产值分布。体育产业产值在国民生产总值中所占的比重能在一定程度上反映这个国家的体育产业水平。随着体育产业的不断发展,体育产业对社会经济的贡献会越来越大,逐渐成为国民经济的重要组成部分。

(2)就业结构

体育产业的就业结构是指全体就业者在体育产业间的分布状态。劳动力在产业结构中扮演着至关重要的角色,劳动力流向哪个部门,哪个部门往往就能获得快速的发展。可以说,劳动力是影响社会生产力发展的最为重要的因素之一,劳动者的能力如何将对产业经济的发展产生至关重要的影响。在体育产业发展的过程中,劳动者的就业结构会受到一定的市场利益的驱动,在体育产业不断发展的今天,劳动力会大量涌入,体育产业的就业结构不断发生改变,逐步完善和发展。

(3)投资结构

体育产业的投资结构是指在体育产业内部,产业总投资在整个行业间的分布情况。随着竞技体育的不断发展,体育产业市场规模不断扩大,体育产业的结构也在不断发生着变化,国家在调整体育产业结构时,会根据具体实际情况适当地调整产业投资结构,以实现体育产业经济发展的目标。

（4）需求结构

体育产业的需求结构是指体育产业市场中不同类型需求的构成状况，它是各种需求类型的集合。在体育产业高度发展的过程中，各种需求结构的分类标准会有所不同，会出现各种需求的类型，如私人需求、政府需求、中间需求等。随着体育产业结构的不断完善，各种需求结构也在不断调整和完善。

2. 体育产业结构的优化

为推动体育产业的发展，必须要结合具体情况进行产业结构的调整和优化，以实现效率的最大化。通过以上分析可知，体育产业结构是处于不断变化和发展之中的，其发展是一个从低级向高级演进的过程。我们对体育产业结构的调整与优化，主要包括产业结构的合理化和产业结构的高度化两个方面。

（1）体育产业结构的合理化

体育产业结构的合理化是指由不合理向合理发展的过程，判断体育产业的结构是否合理，主要从当前的体育产业结构否适应体育市场需求的变化、内部各部门之间比例是否协调、能否合理有效的利用体育资源这三个方面进行考虑。

（2）体育产业结构的高度化

体育产业结构的高度化是指体育产业结构随着市场需求的变化而由低级向高级发展的一个过程。与体育产业结构的合理化一样，其高度化的发展也是体育产业的一个追求，我们在研究体育产业发展的政策时一定要将体育产业结构的合理化与高度化发展作为重要的目标。

（三）足球产业结构

1. 足球行业结构

足球的行业结构是指足球产业内部各行业之间进行各种活动而形成的一个有机整体。随着现代社会的不断发展，社会各行业的分工越来越精细，从而衍生出各种不同的生产部门。受各方面因素的影响，这些部门在占有资源、就业人数、发展速度等方面会存在很大的不同。总体来说，在不同的经济发展阶段，国民经济的各产业部门会具有一定的差异性。足球产业在发展的过程中，其产业结构也会出现这样的变化。随着足球产业的不断发展，产业规模也不断扩大，在这样的形势下，足球参与者也逐渐增多，进而诞生了足球生产和服务部门，这些部门主要从事足球用品、足球培训、足球比赛等相关的活动。

总的来看,足球产业的行业结构主要分为产品业和服务业两个部分。足球产品业主要是指生产足球产品、实物的行业,如足球用品的制造和销售行业。足球服务业主要指生产非实物产品,如足球比赛、足球培训以及健身娱乐等。这两个行业共同构成了足球产业。

2.足球产品结构

产品主要包括各种实物、信息以及服务等方面的内容。这些方面的内容都是市场发展的重要基础,通过市场的交换,人们能满足自己的需求。足球产品的特点可以说赋予了足球市场区别于其他市场的特点。在足球产业各种经济活动中,主要围绕足球产品展开,可以说没有足球产品,足球产业市场就无法建立起来。

3.足球消费结构

足球消费结构主要是指在一个社会或家庭中,用于足球消费在所有家庭消费中所占的比例。随着现代足球运动的不断发展,以及足球赛事的日益增多,足球产业的影响力日益加大。如中国足球超级联赛,随着联赛水平的提高,人们都愿意亲临现场参加足球赛事的欣赏,足球赛事消费成为人们日常消费结构中的重要内容。

4.足球市场结构

一般来说,足球市场主要由物质资料市场和非物质资料市场两个系统构成。这两个系统的相互促进与发展共同推动着足球市场的发展。这两个系统分别又被称为生产资料市场和消费品市场。随着市场经济的不断发展,消费品市场在发展的过程中逐渐呈现出细分化的趋势,这与人们的需求变化有着非常直接的关系。

5.足球人员结构

足球人员结构是足球产业结构中最高层次的结构。足球人员的变化与发展将对足球产业产生至关重要的影响。足球人员结构主要包括足球产品的生产商、教练员、科研人员以及运动员等。随着我国社会主义市场经济的发展,社会各行各业的人员始终处于动态变化之中,足球人员也不例外。我国足球产业发展体系中,人员结构主要是自上而下的一种管理结构,从国家足球管理中心到各省的足球市场开发部门,足球形成了自上而下的管理结构。在产业结构内,各部门之间的人员流动性较大,其作用主要体现在以下两个方面。

一方面,足球产业市场受市场经济规律的制约,发生人员之间的流动是必然的。只有人员之间的流动才能实现了各个部门资源的优化与配置,个人的价值也才能得以实现。人员流动可以说是足球市场规模不断扩大的重要推动力。

另一方面,如果在足球产业市场发展的过程中,缺乏人员之间的流动,久而久之,人员结构就会变得老化,缺乏竞争的活力,整个足球产业市场也难以获得健康的发展。

总之,足球人员结构及变动在足球产业市场发展的过程中扮演着十分重要的角色,建立并形成一个良好的人员流动机制,对于足球产业市场的可持续健康发展具有重要的意义。

二、足球运动产业市场的构成要素

随着现代足球运动的不断发展,足球市场也逐渐走向繁荣,纵观当今世界足坛,足球市场较为繁荣的地区主要集中在欧洲和美洲等地区,这些国家的足球运动水平较高,足球产业水平也相应的较高,其中欧洲地区如西班牙、英国、德国等国家的足球产业水平都非常高。通过研究这些国家的足球产业市场发展情况,可以得知足球运动市场主要包含以下几个要素。

(一)足球市场主体

足球运动的市场主体,是指参与足球运动商品和劳务买卖交易的双方。具体而言,参与交易的双方既可以是足球运动员,也可以是俱乐部或相关企业。足球市场主体的多少决定了足球运动市场规模的大小,对足球市场经济的发展起到非常重要的作用。如职业足球俱乐部数量的多少在一定程度上反映了这个国家的足球综合实力及足球产业市场的发展状况。另外足球市场主体的规模大小也在一定程度上反映了足球运动市场竞争的激烈程度。竞争更为激烈的联赛显然会令人更加注目,吸引人们参与消费。

随着足球运动的不断发展,足球运动市场日益呈现出多样化的特点,在这样的情况下,足球市场的广度、深度进一步发展。足球市场广度是指市场主体的规模,主体规模越大市场越有广度;足球市场深度,是指市场主体针对买卖对象的谈判价格与最终的成交价格之间的差额,差额越小市场越有深度。另外,随着足球市场规模的不断扩大,逐渐形成了一个富有弹性的市场,市场发展的过程中,价格会有升有降,在急剧升降之后可以迅速复原,这些都来源于激烈的市场竞争。

（二）足球市场客体

足球市场客体是指市场主体交易的对象,主要包括足球运动器材和场地器械等客观实物和足球运动相关服务产品。足球市场客体随着足球运动的发展而不断增加,如足球彩票就是伴随足球运动发展而产生的事物。随着足球市场的不断发展,市场客体呈现出多样性的特点,这些产品都存在着一定的差异,而伴随着足球市场的进一步成长与发展,这一差异开始从有形差异向无形差异转变。如不同足球运动品牌之间,他们的产品本身或许差异不大,其差异主要就在于品牌这一无形产品的差异。

在足球市场发展的过程中,主体与客体之间的联系非常密切,市场主体主要产生多元化的需求,而在市场主体的引诱下,客体则会呈现出差异化的发展。二者呈现出相互促进的关系,如此往复,共同推动着足球产业市场的发展。

（三）足球市场媒体

足球市场媒体,主要包括足球经纪人、经纪团队和足球运动市场中介机构或组织两大类。随着足球产业的不断发展,足球市场媒体越来越发达,其专业水平越来越高。

随着足球职业化进程的不断加快,足球市场媒体的作用也越来越大,在当前时代背景下,如果没有足球市场媒体,职业足球俱乐部就难以获得良好的发展。正因如此,各个国家开始高度重视市场媒体的规范化发展。

大量的事实表明,市场媒体对市场主体的发展具有不可磨灭的作用。如足球运动员作为市场主体之一,其在日常训练与比赛中很难有精力和时间去经营其他方面的事务,其转会、财务等方面的管理通常交由经纪人或经纪公司进行。某支俱乐部看中了一名球员,首先接触的并不是运动员本人,而是其经纪人或经纪公司。

随着中国足球职业化的发展,我国足球产业市场也获得了一定程度的发展,但目前来看还处于发展的初期,与足球强国相比还存在着较大的差距。当前我国足球市场还极不完善,不仅需要足球市场主体与客体的密切配合发展,还需要多样化的市场媒体依据市场经济发展的规律推动足球市场的进一步发展。

（四）足球市场价格

足球运动市场的主体双方针对市场客体进行谈判，一旦谈判成功便可以通过多种渠道交易。谈判的核心问题就是价格。足球市场价格主要包括以下三方面的内容。

（1）自由定价：自由定价是指交易的主体双方通常都是自然人或者企业，他们遵循足球运动市场的规律和原则自愿撮合成交。如足球运动员转会费根据市场情况由俱乐部和球员经纪人进行协商确定。

（2）公共定价：公共定价是指市场中的公共物品，其生产及使用维护成本一般由政府财政提供。如职业足球俱乐部租用主场的租赁费用。

（3）管制价格：管制价格是指交易双方虽然可以自由谈判，但是最终的成交价格必须符合政府价格管制政策的要求。如中国足协制定的外籍球员转会费不得高于 565 万欧元，否则就要收取高额的调节费，就属于一种管制价格制度。

以上足球市场的四个构成要素对于足球产业市场的发展具有非常重要的意义，因此要引起高度重视。

三、我国足球产业市场分析

足球产业市场主要包括买方、卖方和中介三个部分，他们主要围绕足球运动而展开各种活动，进而形成的一个有机体系。足球产业市场的顺利运转需要建立一个健全和完善的竞争机制，并且还要有一个完善的法律法规体系作保障。由于我国足球产业发展的时间较短，当前还存在不少问题，其大体发展情况如下所述。

（一）从需求与供给来看

足球产业市场涉及各种因素，同时也存在着各种供求关系，如足球赛事的供求关系、教练员的供求关系、球员的供求关系、管理人才的供求关系等。随着社会经济水平的提高及人们审美能力的提升，人们的足球赛事需求越来越强烈，亟需更高质量的足球赛事来满足自己的胃口。在这样的情况下，足球赛事不断获得发展和进步。

为推动中国足球运动的发展，1994 年中国足球开始走上职业化发展的道路，这也是我国足球产业市场发展的开端。在我国职业足球联赛发展的过程中，国外顶级足球赛事也开始传入我国，重大赛事期间，观看国外优秀足球赛事的球迷非常多，这对我国足球赛事构成了一定的冲击。

在体育市场开发方面,我国职业足球联赛发展的时间较早,在广告优势、政策扶持等方面都具有一定的优势,可以说我国足球市场的开发要远远领先于其他项目。

随着我国职业足球联赛的发展,足球运动员的转会自由度不断提高,目前我国国内球员供不应求,对国外球员的依赖程度较大。中超联赛在世界范围内的影响力逐步提升,近些年吸引了大量的知名教练员和运动员加入到各俱乐部中。这对中国职业足球联赛的宣传与推广具有重要的作用。但是当前我国职业足球联赛也存在一定的弊端,那就是只重视一线队伍的发展,青训力量建设严重不足,在这样的情况下,造成了俱乐部之间的不正当竞争,出现了互挖墙脚、球员身价飞涨的现象,这对足球俱乐部的未来发展及整个中国足球的发展都是非常不利的。

对于职业足球俱乐部而言,加强自身的青训人才的培养是非常重要的,世界上优秀的足球俱乐部一般都拥有完善的青训基地,能培养出大量的高水平足球运动员,如巴塞罗那、阿贾克斯等。一般来说,职业足球俱乐部后备人才培养模式主要有以下几个特点:第一,足球基础设施建设非常完善,拥有雄厚的教练员资源;第二,训练时间充足,运动员的成长速度非常快;第三,有明确的人才培养目标,完善的后勤保障,完整的梯队建制等。通常来说,职业足球俱乐部的人才培养是一个特殊的教育过程。在培养足球人才的过程中,既要安排好他们的文化课学习;又要提高他们的足球专业技能,解决学训矛盾问题,做好学习与训练的统一,另外还要在内部建立一个良好的人才竞争机制。在足球强国,如西班牙、德国、英国等,他们一般都拥有一个优秀的教练员团队,从少年队、青年队、成年队都有一条完善的球星生产流水线。要想成为一名优秀的足球教练员,必须要经过严格的选拔和培训,并且通过一定的资格认定。目前来看,我国教练员的结构分布十分不合理,大部分优秀的足球教练员都集中在资金雄厚的大俱乐部当中。另外,我国足球产业人才基础也相对薄弱,需要进一步学习和提高。

(二)从市场类型来看

对于中国足球而言,中国足协是唯一的全国足球专项体育社会团体法人,中国足协既是体委领导下的一个事业单位,行使部分政府机关职能,同时又是体育总会的团体会员。足球运动管理中心是国家体委直属事业单位,通过开展各种各样的足球经营活动筹集足球产业发展必需的资金。中国足协则拥有足协杯赛的组织权和管理权,杯赛杯名、广告的所有权,杯赛管理费收取权和比赛门票分成权,各俱乐部会徽、会旗、会歌、吉祥物、商标等专利的代理权和各俱乐部合影照片、个人照片使用权等。

综上所述,中国足球市场几乎是一个完全垄断市场。在发展的过程中存在不少问题,这主要表现在以下几个方面。

(1)足球产业各项资源配置不合理。

(2)足球经济资源利用率不高,浪费情况严重。

(3)消费者群体的利益以及俱乐部利益通常会受到一定损害。

当前,我国足球产业市场还存在各种问题,市场机制不健全,管理水平不高,这对中国足球运动的发展是非常不利的。在新的时代背景下,可以效仿足球发达国家的经验建立职业联盟,这是产权改革、优化足球资源配置的需要,对于中国足球摆脱目前的困境具有重要的意义。

第三节　足球运动竞赛文化的传播

足球竞赛是足球产业发展的重要表现和形式,人们通过参加足球竞赛活动与欣赏,也就是参与足球消费这一形式,极大地推动着足球产业市场的发展。因此,构建一个良好的足球竞赛文化体系,做好足球竞赛文化的传播与发展,对于整个足球产业市场的完善与发展具有重要的意义。

一、足球竞赛文化的重要构成——球迷文化

(一)球迷文化的概念

随着足球运动的不断发展,足球赛事的影响力也越来越大,因此累积了大量的足球迷,长此以往逐渐形成了球迷文化。我们可以从以下几个方面了解球迷文化。

首先,球迷文化诞生于俱乐部球迷文化。诺丁汉足球俱乐部是最早诞生的俱乐部,诺丁汉足球俱乐部的球迷早已在长期的观赏赛事和与俱乐部互动中形成了诺丁汉球迷群体独有的亚文化。随着足球运动在全世界范围内的普及,各个国家都建立了各层级的足球俱乐部或球队,虽然各个俱乐部的建立时间有长有短,发展历程不同,但在当地甚至全球范围内都拥有了大量的球迷,都形成了一种为球迷群体所认同的共有意识,这就是俱乐部球迷文化的形成。

其次,球迷文化具有多元性和社会性的特点。这主要表现在两个方面:一方面,足球俱乐部或球队在世界各个国家或地区的建立意味着足球活动被不同种族、地域、宗教等背景的人们所认可,呈现出的球迷文化也反映了世界各地的特色文化;另一方面,世界各地足球俱乐部或球队的成立

时间是不同的,这些球迷文化各有特点,其内容并非完全一致。

最后,球迷文化还具有一定的差异性和可塑性特点。受历史、种族、宗教等各方面因素的影响,世界各地的球迷文化之间呈现出较大的差异性。但是随着现代社会的不断发展,球迷组织结构等也在发生着变化,受此影响,世界各地的球迷文化也会出现一定的变化,因此说球迷文化也具有一定的可塑性特点。

综上所述,球迷文化是指球迷群体在针对自己所关注的球队成长过程中形成的、为大多数球迷所接受并达成共识的集体观念,从而指导球迷群体对球队相关事件做出特定行为。发展到现在,球迷文化的内涵不断延伸,成为社会文化的重要组成部分。

（二）球迷文化中的归属感

身处于球迷文化之中的球迷团体,一般对球队或俱乐部都拥有相同的认同感和归属感,价值观念基本是趋同的。所谓认同,就是球迷对任何属于并且与俱乐部或球队形象相关的事物产生热爱甚至崇拜的情感;这些球迷一般都对球队非常忠诚,热衷于俱乐部事业的发展,所谓忠诚,是指球迷只认可唯一足球俱乐部或球队来作为他们倾泻对足球项目喜爱之情的重要渠道,无论俱乐部或球队的成绩好坏都不会影响球迷对其的情感和热爱。

总之,球迷文化中的球迷归属感就是球迷与自己所支持足球俱乐部或球队所产生的一种整体认可的情感,通常情况下,球迷对俱乐部或球队的归属感往往与地域认同和体育情感相关联。但是也存在大量的球迷喜爱国外俱乐部的情况,这也属于球迷文化的重要部分。

二、足球竞赛文化传播与发展的途径

（一）建立良好的运动文化秩序

社会的稳定发展需要有一套合理的社会规则作为保障,否则就会出现各种不和谐的现象,不利于社会的稳定。体育运动也是如此,如果没有一个良好的运动秩序,足球比赛也难以顺利地进行。一个良好的运动文化秩序主要包括以下几个方面。

1. 自由

足球运动对于全世界球迷来说是一个共同的语言,没有国界之分,世界各国、各个民族都可以自由参加足球活动,欣赏足球比赛,任何人都没有干预的权利。但是足球运动的自由也是相对的,必须要建立在一定的足球规则基础之上,否则足球活动或足球比赛也就无法顺利开展。

2. 规则

不论是球迷还是足球运动员,如果要参加足球运动,首先就要遵守既定的足球规则。这是公平、公正参赛的保障。另外,在确定足球竞赛机构、组织架构、比赛规则、竞赛章程等过程中也要严格遵循足球运动的规则。足球竞赛规则要具有一定的权威性,任何破坏足球规则的行为都要受到相应的惩罚。同时,任何规则都包含有惩罚一切不公平的"非法"行为的约束力。对一切不合规则行为起到限制和规定作用的,就是规则的平等性、公正性、合理性。发展到现在,足球运动之所以能形成合理有序的价值观念和操作程序,与足球规则有着不可分割的关系。足球规则保证着足球竞赛活动合理有序地进行。

3. 民主

任何人都有自愿参与足球运动或欣赏足球比赛的权利和自由,这是足球比赛的民主性特点。对于运动员而言,他们也享有一定的民主权利,如选择与被选择、参与和退出、解释与申辩等。另外,在足球规则制定、人才选拔、足球竞赛组织等方面也体现出一定的民主性,足球运动竞赛的整个过程则是民主程序的典范。足球运动者"获得与其天赋相应的运动成就"[1],并且已经作为一种民主权利,被写入联合国科教文组织的《体育运动国际宪章》。

所有的足球比赛参与者都要遵守"公平竞争"的基本原则,否则就要受到规则的惩罚。要做到公平竞争,需要符合两个必要条件;一个是社会广泛的自由、平等,另一个是人本身对自由、尊严、正义的追求。这两个条件是足球活动或足球比赛顺利进行的重要保证,在这样的条件下才能建立一个良好的足球文化秩序。

(二)培养良好的足球精神

一般情况下,正确的足球文化价值理念和行为模式会产生正确的足球精神,而错误的足球文化价值理念则产生不良的足球精神,不利于足球

---

[1]　蒲一川.我国足球文化建设的价值取向及发展路径[J].绵阳师范学院学报,2012,31(03).

运动的健康发展。可以说,良好的足球精神是足球运动健康发展的重要保障。通常,足球精神主要包括团队精神、公平竞争和人文精神三个方面。

1. 团队精神

足球比赛的主要目的是将足球踢进对方球门,获得比赛的胜利。在比赛中,运动员只有具备良好的奉献精神和顽强的意志品质才有可能实现既定的目标。除此之外,团队精神也是非常重要的一方面,运动员没有良好的团队意识也是难以获得比赛胜利的。由此可见,团队精神非常重要,它是获取比赛胜利的重要保证。

另外,团队精神对于球队的凝聚力也非常重要,一个没有团队精神的球队就犹如一盘散沙,难以集中集体的力量去获取比赛的胜利。一个具有良好团队精神的球队,通常能将所有的运动员聚集起来,形成巨大的能量,推动着球队向前发展。

2. 公平竞争

在足球比赛中,所有的运动员都必须要遵循公平竞争的原则,这也是足球精神的重要体现。所谓的公平竞争,就是在规则面前人人平等,任何人都享有共同的权力、同等的资格和均等的机会,要在公平公正的环境下参加比赛,违背公平竞争的行为就会受到规则的惩罚。

3. 人文精神

运动员参加足球比赛的目的是获取胜利,但足球运动的价值却远远不止于此。足球运动中所体现出的人文精神也是足球比赛的重要价值。具体而言,这些人文精神主要包括足球场上的团队意识,顽强拼搏、永不放弃、尊重对手和裁判、良好的职业道德等内容。这些人文精神会潜移默化地对人们产生积极的影响,激起人们的民族情感,对于维护社会和谐与稳定具有重要的意义和作用。

综上所述,足球运动不仅仅只有足球赛事这一方面的内容,同时还彰显出多种多样的文化内涵,只有建立在深厚的文化基础上,足球运动才能获得健康的发展。因此,要想推动我国足球运动的健康持续发展,首先就要采取各种措施和手段建立和形成一个良好的足球文化氛围,激发人们参与足球运动的兴趣,吸引更多的人参与足球运动,只有拥有良好的足球人口基础,中国足球才拥有美好的未来。

第四节　职业足球俱乐部的建设与发展

一、我国职业足球俱乐部的发展现状

（一）物质文化发展现状

在职业足球俱乐部物质文化建设方面,我国各俱乐部的发展情况存在着较大的差异。一些传统的发展时间较早的足球俱乐部通常都拥有比较完善的硬件设施,如山东鲁能、北京国安、上海申花等。而一些资金实力比较雄厚的俱乐部,其足球硬件设施通常都比较现代化,这些俱乐部的配套设施也比较齐全和规范。但需要注意的是,大部分俱乐部所提供的竞赛产品则显得发展不足,没有形成俱乐部自身的特色,难以给人深刻的印象。在这一方面,我国各职业俱乐部一定要引起重视,重视自身物质文化各方面的建设与发展。

（二）行为文化发展现状

在行为文化方面,整体来看,我国各职业足球俱乐部都表现出积极的一面。但需要注意的是,一些足球俱乐部存在着短期行为,过于注重眼前利益而忽视了长远的发展,这对中国足球的健康持续发展是十分不利的。当前,我国很多足球俱乐部存在以下几个方面的问题。

第一,俱乐部经营运行不稳定,教练员的工作流动性较大,不利于俱乐部的健康发展。

第二,与国外足球俱乐部相比,管理模式比较落后,没有形成良好的管理机制。

第三,教练员与运动员的文化素养较差,时常出现违规违纪行为。

总体来看,我国职业足球俱乐部的行为文化建设还是值得肯定的,但也存在不少问题。在今后的发展中,俱乐部一定要注重行为文化的建设,一方面不断提升教练员、运动员的职业素养,提高其责任意识;另一方面,要努力消除运动员行为所造成的不良影响,树立俱乐部品牌文化,促进俱乐部健康发展。

（三）精神文化发展现状

自中国足球1994年步入职业化道路以来,经过20多年的发展,我国各

职业足球俱乐部在物质建设方面都获得了不同程度的发展,很多俱乐部都建立了比较完善的基础设施,但与足球物质基础设施建设相比,其核心内容——"竞赛产品"的质量却较低。一些俱乐部无视规章制度的存在,时常做出违背市场经济规律和竞训规律的行为,这严重影响了中国足球俱乐部的形象。这充分表明,当前我国职业足球俱乐部的精神文化建设已经远远落后于物质文化建设,为扭转这一局面,各足球俱乐部必须要采取一切可能的手段加强足球精神文化建设,树立良好的俱乐部形象。

(四)制度文化发展现状

据调查,当前我国足球俱乐部在制度文化建设方面还存在不少问题,这主要体现在以下几个方面。

第一,当前我国足球俱乐部大都采用股份公司制和有限责任公司制两种管理模式。但管理经营不善,在各方面存在不合理的地方,致使难以获得赢利或者盈利较少,俱乐部只能靠企业投资来维持运转,俱乐部的这一发展状况是不健康的,需要进一步改进。

第二,俱乐部组织机构不完善,绝大多数俱乐部都缺乏内部监督机制,出现大量的违规操作现象,不利于俱乐部的健康发展。

第三,与国外足球俱乐部相比,我国的职业经理人制度也很不健全,无论在球员转会还是俱乐部各项活动的运作方面都显得非常业余,这需要加强管理制度的建设。

二、我国职业足球俱乐部发展中存在的问题

经过二十多年的职业化发展,我国足球俱乐部的职业化水平不断提升,这使得我国职业联赛的水平也有了大幅度的提升。其中最有代表性的就是中国广州恒大足球俱乐部,他们以完全的市场化和符合足球运动本身的管理理念,在近些年来取得了优异的成绩。自广州恒大于2011年升入中国足球顶级联赛以来,在七年间完成了七连冠的壮举。另外还分别于2013年和2015年两次夺得亚洲足球俱乐部冠军联赛的冠军,为中国足球争得了荣誉。

但是广州恒大足球俱乐部的成功并不能掩盖中国足球落后的现状,中国足球职业化道路还任重道远。当前仍然存在着大量的问题需要解决。总体来看,我国职业足球俱乐部面临着以下几个问题。

(一)体制改革深化不足

中国足球的职业化发展之路也是体制改革之路,这是足球职业化发展

的必然。当前我国职业足球俱乐部仍然处于发展的初级阶段,还存在各种各样的问题。在社会主义市场经济条件下,我国职业足球要走市场化发展的道路,要真正成为名副其实具有独立法人资格的经济实体,必须有经营能力、经营项目和明确的组织机构与场所,能独立承担民事责任,实行出资者所有权同法人财产权相分离,并建立资本金及资产经营责任制度。在发展的过程中,各俱乐部要严格遵守市场经济的发展规律,建立一个良性循环机制,不断提升自身的竞争力,获得健康持续发展。

(二)产权界限尚未划清

一个明确而清晰的产权关系对职业足球俱乐部的发展而言具有重要的作用,但是当前我国很多俱乐部的产权关系较为模糊,各投资方在俱乐部中均有利益和权力,容易站在自身利益立场分使不同权利,很多时候阻碍着俱乐部的正常运转。因此,划清产权界限,明晰俱乐部产权关系就成为未来发展的重要任务。在俱乐部未来发展中,不仅要求政俱分开,出资者所有权与法人财产分离和对资产管理关系进行改革,还要改变俱乐部重形式、重集资功能,而忽视通过市场配置资源,忽视运行机制转换的倾向。随着职业足球俱乐部制的深入发展,俱乐部产权还应逐步由凝固化走向产权转让的市场化,通过兼并、租赁、拍卖、转让、破产等形式进行俱乐部产权经营。

(三)经营环节有待改善

职业足球俱乐部的主要目的在于追求经营利润的最大化,其经营水平的高低关系到俱乐部的生存。因此,加强俱乐部的经营管理,建立一个健全完善的经营管理体制至关重要。在俱乐部经营与发展的过程中,只有坚持以市场为导向,最大限度地满足消费者的需要,才能取得良好的经济效益,才能获得健康的发展。为实现这一目标,就要求各俱乐部必须要突出本体产业,增强自身造血功能,依照市场经济发展的规律,努力挖掘经营潜力,形成以门票、商业比赛、广告与赞助等为主的经营体系。与此同时还要在投入、产出效益等方面花大力气。要严格按照市场规律办事,以市场需求为经营战略,努力提高俱乐部经营管理水平,为消费者提供良好的服务,建立良好的俱乐部形象,提高俱乐部的影响力。

(四)思想教育强化不足

职业足球俱乐部在进行人才培养的过程中,不仅要注重其文化知识与运动技能的培养,还要注重运动员的思想教育,将运动员的思想教育贯彻进平时的训练和比赛之中。在职业足球俱乐部中加强运动员的思想教育,培养运动员的职业道德素质是推动我国职业足球俱乐部发展的重要对策。为实现这一目标,需要充分发挥党、团员的先锋模范作用,注意对球员进行精神激励,培养球员的服务意识和敬业精神,提高球员的职业道德水平、守法意识和自律能力,帮助运动员建立和形成正确的行为规范。除此之外,作为俱乐部的管理人员还要以身作则,发扬民主作风,不断改进工作方法,提升自身的思想道德素质,为运动员做出榜样。

（五）法制建设尚不完善

在市场经济条件下,职业足球俱乐部的发展必须要遵循市场规律,实行规范化、制度化、法制化管理。当前我国职业足球俱乐部的发展还很不完善,在法制建设方面尤为欠缺。因此,必须要加强足球俱乐部的法制建设,使之形成以《中华人民共和国体育法》为基础、以行政法规为前提、以部门规章为主要内容的法规体系。另外还要建立独具中国特色的足球俱乐部制度体系,这一体系主要包括组织制度、法人制度及管理制度等各项内容。除此之外,还要对足球管理者、投资者、足球参与人员等各方面的责、权、利进行明确的法律界定,并建立严格的约束和监督制度,保障俱乐部的顺利运转。

（六）政府职能发挥不够

我国职业足球的发展仅仅只有二十多个年头,在很长一段时间里政府在其中都扮演着非常重要的角色。发挥政府职能管理职业足球俱乐部,为俱乐部提供一定的政策优惠能在一定程度上弥补市场机制的缺陷,促进足球俱乐部的健康发展。但需要注意的是,政府发挥作用主要是采取间接管理的方式,即实行宏观调控,而不是直接参与俱乐部的具体事务。在具体的管理中,政府要不断消除"市场失控"给俱乐部造成的消极影响,采取各种措施和手段扩大市场规模,增强市场竞争力,维持好市场秩序,为俱乐部营造一个良好的市场发展环境。

三、我国职业足球俱乐部建设与发展的对策

（一）物质文化建设的对策

1. 提高竞赛"产品质量"

（1）加强本土教练员的培养

当前,中国足球超级联赛各俱乐部聘用的主教练绝大部分都是外籍教

练,其中还不乏世界知名的主教练,如贝尼特斯、卡纳瓦罗等。这些外籍教练员一般执教水平都比较高,拥有先进的训练和管理理念对运动队成绩的提升较大,尽管如此,我们也不能忽视了对本土教练员的培养。我们应意识到,教练员作为足球发展体系中的重要组成部分,其水平的高低对一个国家足球运动的发展也具有重要的作用,仅仅依靠外籍教练来提高俱乐部成绩的做法长期来看是不利于中国足球发展的,因此我们在培养运动员的同时还要十分重视本土教练员的培养,这可以从以下两方面着手:一方面,可以定期举办足球教练员培训班,邀请高水平的足球专家进行授课,以提高教练员的业务水平;另一方面,本土教练员要虚心向外籍教练员求教,加强沟通与交流,不断提高自己的综合素质。总之,要想促进中国职业足球俱乐部的健康长远发展,建立一支高水平的教练员队伍是非常重要的,各俱乐部要引起重视。

(2)提高本土球员的竞技能力

除了外籍教练员在我国各俱乐部中扮演着重要的角色外,外籍球员也占据了俱乐部的半壁江山,其水平的发挥对俱乐部成绩的取得具有重要的作用。广州恒大俱乐部曾经在 2013 年和 2015 年两次夺得亚冠联赛的冠军,在国内蝉联联赛 7 连冠,这些成绩的取得除了国内球员出色的发挥外,外籍球员也起到了极为关键的作用。但以长远的眼光来看,这不利于我国职业足球俱乐部的发展,也不利于中国足球运动水平的提高。要想从根本上提高我国职业足球联赛的水平,归根结底还是要提高本土球员的竞技能力。因此,各俱乐部可以聘请国外优秀的专业教练员负责运动员的体能与技术训练工作,灌输运动员先进的训练理念,提高运动员的技战术意识,同时还要加强运动员的意志品质教育,促进运动员综合素质的发展和提高。

此外,各俱乐部还要不断加强自身的青训建设,除了本俱乐部、足球学校的培养途径以外,还要积极同地方中小学校进行合作,建立一个健全和完善的足球后备人才培养机制,促进我国足球的可持续发展。

2. 重视俱乐部称谓、队徽等思想物化品的开发

俱乐部称谓、队徽等都是俱乐部精神文化的思想物化品,是俱乐部品牌文化的重要内容。目前,我国很多足球俱乐部在称谓、队徽、吉祥物等方面的建设还不够规范,这对俱乐部形象及品牌文化建设是不利的。因此,作为俱乐部管理者一定要高度重视俱乐部思想物化品的建设与开发,不断提升俱乐部的形象。

在设计足球俱乐部的思想物化品时,要善于利用多种媒体对这些思想物化品进行广泛的宣传。俱乐部思想物化品在俱乐部纪念品和商务产品

的设计开发中要有所体现,比如,可以将纪念品和商务产品的主色调与俱乐部队服颜色相统一;俱乐部纪念品和商务产品上面不仅要有俱乐部称谓,而且可以将队徽、吉祥物图案印制上面,既增加了美观性,同时也具有一定的收藏价值。总之,俱乐部管理者要将俱乐部思想物化品的设计与开发作为一项非常重要的工作来抓。

3. 加强俱乐部设施环境建设

目前来看,我国大部分足球俱乐部的基础设施建设都能满足日常训练和比赛的需要,但是有些俱乐部的基础设施建设却难以令人满意,这些俱乐部通常对基础设施建设投入不足,并且在俱乐部的经营管理方面也存在一定的问题。基础设施是足球运动员训练和比赛的物质保障,因此如果基础设施不完善将直接影响到运动员的训练和比赛水平。所以,足球俱乐部应加大足球训练基础设施建设的投入,加强足球训练场地的管理。采用现代化的科学手段加强足球科研的配套设施建设,努力提升俱乐部的经营管理水平。

除此之外,为推动足球俱乐部的长远发展,还不能忽视俱乐部的文化建设,要加大文化设施的投入力度,为运动员营造一个良好的学习与生活环境,不断提升运动员的综合修养。总之,加强足球俱乐部的文化设施建设,对于增强球队的凝聚力,促进俱乐部的长远发展都具有重要的意义。

(二)精神文化建设的对策

在我国职业足球俱乐部发展的过程中,俱乐部精神文化与物质文化之间存在着发展不均衡的现象。因此,我国职业足球俱乐部要努力提升俱乐部经营哲学的科学性,不断缩小精神文化建设与物质文化建设的差距。

1. 完善职业足球俱乐部发展价值观

我国职业足球俱乐部发展价值观的完善与社会主义价值观是分不开的,职业足球发展价值观要同社会主义核心价值观结合起来,这样才能保证足球俱乐部正确的发展方向,促进俱乐部的健康发展。

追求利润最大化是职业足球俱乐部的重要目标,但同时俱乐部还要兼顾俱乐部基本价值的发展,如服务价值、育人价值等。在服务价值观方面,足球俱乐部要以职业足球竞赛为中心,做到为资方的投资回报服务、为满足球迷的娱乐精神需求提供服务。而育人价值则是俱乐部要有培养人的责任意识,充分发挥足球运动的育人功能,培养足球运动员吃苦耐劳、顽强拼搏和团结协作的意志品质,这就是职业足球俱乐部发展价值观的重要体现。

2.创建与发扬职业足球俱乐部精神

俱乐部精神是俱乐部文化个性化的重要表现内容。当前我国职业足球俱乐部都欠缺精神文化方面的建设，足球俱乐部精神的创建应汲取多元文化元素，展现个性化的文化特征，各俱乐部要形成独具特色的俱乐部文化，在这样的形势下，我国职业足球联赛文化才会变得异彩纷呈。

3.创立职业足球俱乐部的经营哲学

当前，在我国职业足球俱乐部的经营方面，思维观念比较落后，手段单一，足球俱乐部经营哲学很不完善。因此，为了发展我国职业足球俱乐部经营哲学理念，各俱乐部应该建立市场观念、竞争观念、创新观念等，并借鉴足球运动水平较高国家的俱乐部经营管理模式。

（1）建立市场观念

市场观念是企业处理自身与顾客之间关系的经营思想。企业生产什么样的产品去满足顾客的基本需求是市场观念的基本内涵。对于足球市场而言，电视转播、球迷服务、门票销售等都是足球俱乐部服务体系的重要内容，因此，足球俱乐部要建立产品发展的市场观念，逐步完善俱乐部的服务体系。

（2）建立竞合观念

我国职业足球俱乐部在发展的过程中，要建立竞争与合作的观念，强调合作群体之间也要有一定程度的竞争，通过这种善意的竞争提升群体内每个成员的个体竞争力，以达到整体竞争力的提升。只有各家俱乐部管理者统一了"竞争与合作"的竞争观念，运动员树立了正确的竞争观念，我国职业足球联赛市场才能获得健康的发展。

（3）建立创新观念

目前，足球竞争越来越激烈，对于俱乐部而言，只有建立创新观念，不断创新才能充实自己的竞争力。首先，俱乐部管理者要追求理念创新，要明确职业足球的发展本质，将足球事业的公益性与足球产业的经济性有机结合，在追求利润最大化的同时还要生产出健康的体育文化产品。其次，俱乐部还应加大投入，引进高水平的管理人才，提高俱乐部的管理水平，使俱乐部呈现出良好的发展态势。

（4）建立长远观念

首先，我国职业足球俱乐部管理部门应合理划定与俱乐部的权利与利益，按照对职业足球联赛有效贡献力，合理分配联赛的剩余控制权和剩余索取权，使投资者能够对未来收益有着良好的预期，实现职业足球资源的优化配置。

其次,俱乐部要制定近期目标和长远发展规划,这是足球俱乐部发展的基本保证。

(5)建立社会观念

在现代市场经济条件下,现代企业要勇于承担一部分社会责任,为社会作出一定的贡献,这对企业良好形象的塑造具有重要的作用。对于足球俱乐部而言也是同样如此,我国职业足球俱乐部承担着发展中国足球事业的光荣使命;有责任和义务为推动中国体育产业的发展作出表率。俱乐部应充分发挥物力资源和人力资源优势服务于社会,积极参加各种社会实践活动,这对足球俱乐部良好品牌的塑造也有重要的意义。

(三)制度文化建设的对策

任何一家企业都有自己的制度文化,如果缺少制度文化,企业就将难以运行。目前我国职业足球俱乐部制度文化建设还存在着管理体制不健全,规章制度执行不力的现象,因此,采取有针对性的措施和手段加强我国职业足球俱乐部的制度文化建设是非常有必要的。加强我国职业足球俱乐部的制度文化建设可以采取以下几个措施。

1. 管理制度要健全,具有可操作性

俱乐部管理者在制定管理制度时,要综合各方面的因素考虑,不能以偏概全,不能完全照搬国外成功俱乐部的管理制度,而是要从本俱乐部自身具体实际出发,要从职业体育发展规律出发,要从运动员身心迥然异同的角度出发,本着借鉴与创造相结合的原则,制定出周密、连续的制度,制定出的规章制度要有一定的预见性和超前性,并且是可操作的,另外还要结合具体实际情况修正和完善已有的规章制度。

2. 对员工进行灌输教育

在俱乐部管理中,不论是教练员,还是运动员都要接受俱乐部规章制度的严格培训,可以通过开展专题座谈会的形式对员工进行教育;也可以将俱乐部的各类规章制度统一打印成册,发给全体员工进行学习。需要注意的是,管理制度对俱乐部成员都有效,俱乐部管理者在制度的执行过程中要起到身先士卒的表率作用。

3. 俱乐部管理者起到带头作用

目前,我国一部分足球俱乐部的基础管理比较薄弱,制度规范形同虚

设,其中一个非常重要的原因就是俱乐部领导者人管理不到位,没有起到以身作则的带头作用。因此,要使俱乐部制度建设得以持续健康推进,俱乐部各级管理者必须做到身体力行,创建一个俱乐部内人人平等的氛围,养成人人遵守规章制度的良好习惯。

4. 俱乐部管理制度的执行要果决

据调查发现,目前我国一些俱乐部还存在着制度执行不力的现象,这种现象在我国各俱乐部中比较常见。尤其对明星球员的违纪处罚,单单只是做以一定数额的罚款了事,由于惩罚力度不够,运动员依然我行我素,不能起到很好的警示作用。长此以往,不仅会损害球员的个人形象,而且对俱乐部品牌形象的塑造也是非常不利的。因此,我国足球俱乐部在执行管理制度时要做到一视同仁,要教育明星球员自尊自爱,充分发挥自己的榜样示范作用,要加强自我约束与管理,从而形成一种健康的制度文化。

5. 俱乐部管理制度的执行要坚持刚柔相济的原则

即以制度为准绳,俱乐部既要通过管理制度对运动员加以约束,更要通过人文管理来落实制度,给运动员以动力。俱乐部对运动员的管理,要从心理沟通开始,管理者要了解运动员思想动态,要关心运动员除了竞赛训练活动以外的生活,体现俱乐部的人文关怀。只有运动员实现了自我升华、自我管理的理念态度,才能对俱乐部管理制度产生认同感并积极服从于俱乐部管理制度的要求。

(四)行为文化建设的对策

足球俱乐部的行为文化建设也具有非常重要的作用。为促进俱乐部的行为文化建设,可以采取以下对策。

1. 加大行业管理力度,创新联赛管理体制

(1)加强法制建设

为保障职业足球俱乐部的发展,要制定相关的法律法规规范俱乐部的各种行为,做到"有法可依、有法必依",如果发现俱乐部出现违规违纪行为就要由司法部门介入展开调查,绝不姑息。

(2)建立职业足球联盟

为促进职业足球俱乐部的发展,可以创新联赛管理体制,建立"职业足球联盟"。"职业足球联盟"的建立能对各职业足球俱乐部的经营管理起到重要的监督作用。在这样的形势下，就会杜绝一些足球俱乐部的违规行为，实现健康发展。

总之，我国足球管理部门要不断加快法制化建设，建立和健全足球联赛制度，为我国职业足球俱乐部的发展打造一个良好的制度文化体系，确保其健康快速地发展。

2. 积极提高社会监督效能

职业足球俱乐部的行为文化建设，不仅需要一定的法律法规作保障，同时还离不开社会舆论的监督。通常来说，社会监督主要来自于新闻媒体及球迷群体。

媒体在俱乐部发展中扮演着非常重要的角色，媒体对俱乐部的监督，应做到实事求是，不能捕风捉影，不能断章取义，要还原事实的本来面目。

普通球迷也可以对俱乐部起到一定的监督作用，足球俱乐部也要非常重视普通球迷的意见，可以定期举行球迷见面会、在俱乐部官方网站设立球迷论坛等方式，征求广大球迷的意见和建议，其目的都是促进足球俱乐部的健康发展。

3. 健全俱乐部科学管理制度

职业足球俱乐部的健康发展必须要建立和健全科学的管理制度，只有如此才能规范俱乐部整体行为以及教练员运动员的个体行为，并通过一定的奖惩措施激励全体员工获得发展，只有这样，俱乐部的整体行为文明才能获得进一步发展。

第五节　我国足球运动产业发展的对策

随着我国职业足球俱乐部的不断发展，我国足球产业市场规模也不断扩大，参与市场消费的人也越来越多。如北京国安、广州恒大等足球俱乐部的经营水平都非常高，每逢比赛期间进入现场观看比赛的球迷非常多，上座率居高不下，这在一定程度上体现了我国足球运动产业的发展状况。当然，与西班牙、英国、德国这些足球强国相比，我国足球产业的发展还处于低级阶段，还存在着各种问题，需要采取有针对性的措施加以解决。针对目前我国足球产业存在的问题，可以采取以下几个对策。

一、发展具有中国特色的足球俱乐部经营体制

当前，我国足球产业面临着诸多问题，其中一个最为重要的问题就是

经营体制不健全,足球俱乐部的经营管理不善。为改变这一现状,首先要改革传统的经营管理手段,充分借鉴其他足球强国先进的发展经验,为我所用。吸收其他国家的先进成分,并结合我国的特色建立一个有利于中国职业足球发展的经营体制。

二、加大市场的法制和管理力度

足球产业的健康发展,除了要遵循市场经济的客观规律外,还要有一定的法律制度做保障,要有一个良好的管理体制保证整个产业系统的运行。因此,加强足球产业市场的法制建设,加大足球市场的管理力度非常重要。在足球产业市场发展的过程中,要按照市场价值规律来开发足球产品,转让电视转播权,吸引赞助商投资等,通过各种各样的商业运作推动足球产业市场的快速发展。中国足球职业联赛至今已经历经 25 个年头,在某段时期曾经发生过各种假球、黑哨现象,其中一个非常重要的原因就在于没有一个良好的足球产业法律、法规制度,俱乐部管理不完善。因此,要想推动我国足球产业市场的健康、持续发展就要加强足球产业市场的法制建设。

三、后备力量带动足球产业发展

人才是推动事物发展的重要力量,因此足球产业的发展少不了人才的带动。为推动我国足球产业的发展,我国体育部门应结合当前我国足球运动发展现状加强足球后备人才的培养和训练,制定一个科学、健全和合理的足球人才发展计划,努力培养出大量的足球后备人才,这才是我国足球运动及足球产业发展的重要保证。对于各个足球俱乐部而言,要以长远的眼光看问题,加大俱乐部青训力度,积极吸引投资,不断开放足球产业经营,达到俱乐部创收的目的。只有俱乐部经营水平提高了,获得一定的经济利益了,才能更好地培养后备人才,从而形成一个良性循环。

四、足球彩票促进足球产业的发展

足球彩票其实属于博彩业,它不遵循市场价值的规律,但可以带动足球流动资金的投入,能募集到社会上大量的闲散资金,激发人们参与足球消费的热情,从而有效带动足球产业的发展。

第四章　新时代足球运动教学的改革与发展

　　学校是重要的足球后备人才的培养和输出阵地,世界上足球强国,如西班牙、德国、英国等都非常重视学校足球运动的发展,其教学训练水平非常之高,发展至今已建立和形成了相对完善的足球教学训练体系与后备人才培养体系。需要注意的是,这些足球强国足球运动的发展也并不是一帆风顺的,而是历经各种改革才走到今天的。因此,我国足球要想获得进一步发展也需要不断地改革。本章就重点研究新时代背景下我国足球教学的改革与发展。

第一节　足球运动教学理念

一、足球教学的任务

（一）提高身体素质

　　处于青春期的学生,身体各项素质都处于发展的最佳时期。因此在这一时期发展学生的身体体素质非常重要。一般来说,处于青春期的学生,其身体机能突出体现出以下几个特点。

　　（1）骨骼。学生机体中骨组织内的水份、软骨组织和有机物较多,无机盐较少,骨骼易弯曲变形,有弹性,不易骨折。

　　（2）血液循环系统。血管壁弹性较好,血管口径小,外周阻力小,但心缩力较弱,心律较快,收缩压低。

　　（3）呼吸系统。呼吸肌力较弱,代谢旺盛,呼吸较浅,呼吸频率较快,对氧的需求量非常大。

　　（4）肌肉。处于青春期的学生,其身体肌肉含水分较多,肌肉富有弹性;但耐力差、肌力较弱、容易发生疲劳,另外下肢协调性、灵活性也较差,所做的各种动作欠缺一定的稳定性。

　　（5）神经系统。人体内分泌的活动会在一定程度上影响大脑皮质的神经细胞,导致人体产生疲劳,注意力不集中,但神经细胞的物质代谢旺盛,神经过程的灵活性高,疲劳消除快,合成速度快,建立条件反射快,恢复速度快。

处于青春期的学生,其身体素质处于发展最为迅速的阶段,通过参加足球运动,学生的各项身体素质能获得快速的发展,生理机能水平得到提高;还能提高对疾病的抵抗能力和适应自然环境的能力,对学生将来走向社会,适应社会的发展都具有重要的作用。

(二)培养学生参与能力和运动能力

通过足球教学,学生能培养足球的兴趣,提高足球运动水平,除此之外,学生的欣赏能力、个人素养、智力水平等也都能得到发展和提高。总的来说,接受足球教学能很好地培养学生的参与能力与运动能力。

(1)在足球教学中,教师要帮助学生建立良好的足球意识,提高学生的足球战术能力,使学生掌握足球攻守结合的方法,并学会在实践中合理地应用。通过实践,帮助学生获得驾驭和控制比赛的能力。

(2)在足球教学中,足球教师要根据学生的具体实际,将足球技术习练与趣味性、意志、速度、位置、意识等相结合,循序渐进地提高学生的足球技术水平。

(3)在平时的足球教学中,教师还要注重培养学生的兴趣,激发学生主动学习足球运动的动力,提高学生的审美水平,促进学生的综合素质发展。

(三)促进学生德、智、美素质的全面发展

1. 足球教学的德育任务

足球教学对学生德育的培养任务主要体现在以下方面。

(1)在足球比赛中,只有保持饱满的精神,协调配合和统一行动,才有可能获得比赛的胜利,因此,在足球教学中要培养学生的集体主义精神,增进学生的道德情感。

(2)足球运动对抗强烈,要想参加足球运动,学生必须要克服内心障碍和外部障碍,建立完善的意志品质,而培养学生个性,提高意志品质就是足球教学的重要任务之一。

(3)足球运动的纪律性非常强,要想取得理想的比赛成绩,要求学生必须服从安排和要求,处理好个人与集体之间的关系,将自己与球队融为一个整体。因此,培养和提高学生的组织纪律性,树立集体主义精神也是足球教学的重要任务之一。

(4)足球比赛之所以能顺利地进行,其中一个非常重要的方面就是具有一定的规则。在足球教学中,教师要不断灌输学生遵守比赛规则的意识,如果不遵守既定的比赛规则就要受到相应的惩罚。通过规则意识的培养,学生能形成良好的自我约束能力,建立良好的道德行为。这对于学生将来走向社会也具有重要的意义。

2. 足球教学的智育任务

通过足球教学,学生的运动记忆能获得不同程度的发展,并在学习过程中能有效地评价自己的运动行为,这非常有利于学生智力水平的提升。这也是足球教学重要的智育任务。总的来看,足球教学的智育任务主要包括以下几个方面。

(1)发展学生的想象力

在足球教学过程中,学生可以通过自己的想象去体验足球各种技战术活动,通过观察教师的示范,利用想象建立正确的动作表象。可以说想象力是始终贯穿教学之中的,同时在足球比赛中也始终贯穿着运动员的想象力,没有想象力的比赛就没有生命力。因此,足球教学对于培养和提高学生的想象力具有非常大的帮助。

(2)训练学生的记忆力

一方面,足球课包括理论课与实践课两个部分,其中学生在上理论课期间会将学习的内容反复练习和巩固,并且能在实践中记忆动作之间的联系,建立正确而完整的技术动作表象,这能有效训练自己的记忆能力。

另一方面,足球技战术较为复杂,要想掌握和巩固足球技战术,提高技战术水平,就必须要在教学与练习中不断提高技战术记忆的正确性。这也能有效提高学生的记忆力。

(3)培养学生的观察力

大量的实践表明,经常参加足球运动能有效提高人的听觉、视觉等感觉器官的敏感度。在足球教学与练习中,学生通过观察教师的示范动作建立正确的动作表象,然后根据表象完成各种技术动作;另外,足球比赛存在着较大的不确定性,在这样的环境和氛围下能锻炼学生的注意力和稳定性,长此以往能有效培养和提高学生的观察力。

(4)提高学生的思维力

经常参加足球运动还能有效培养和提高学生的创造性思维能力。首先,足球比赛形势是瞬息万变的,在变化的瞬间学生必须要迅速思考出最优化的策略并付诸实施。从这一点来看,有利于学生思维的迅速提高;其次,双方的攻守转换存在于足球比赛之中,其目的在于控制对方和摆脱对方的制约,在这样的情况下,学生能很好地锻炼自己的思维能力;最后,学生参加足球比赛,对比赛中的各种情况的分析都是独立进行的,这对于提高学生独立思考的能力具有非常大的帮助。

3. 足球教学的美育任务

在足球教学过程中应注意培养学生对美的鉴赏能力、感受能力、创造能力以及表现能力,作为足球教师要重视足球教学的这一任务。

(1)培养鉴赏美的能力。在足球教学中,教师要将竞技常识与美学原理结合起来进行教学,培养学生的运动美感和鉴赏美的能力。

(2)培养感受美的能力。在足球教学中,教师要正确引导和鼓励学生在运动中提高自己的审美意识与能力。

(3)培养学生美的创造能力和表现能力。一方面,足球教学与训练不仅能塑造学生的身体,提高学生身体素质,还能培养学生正确的审美观和价值观;另一方面,通过足球教学能培养学生鉴赏美、热爱美、表现美的情感,培养学生的个性,促进学生创造能力的发展和提高。

二、足球教学的要求

(一)全面发展与增强体质相结合

足球教学的主要目标和任务在于提高学生的身体素质和培养足球运动技能。其中身体素质的发展要全面,要与人的心理素质、美育能力、智力水平等获得共同的发展。

(1)树立正确的教学价值观。作为一名合格的足球教师要具备一定的生物学知识、教育学知识、社会学知识、心理学知识等,只有具备了良好的文化素质才能树立正确的教学价值观,才能有效地指导学生参加足球教学活动。

(2)教学内容和方法多样化。在足球教学中,教师要结合学生各方面的特点制定丰富的教学内容,运用多样化的教学手段进行教学。

(3)制定完善的足球教学工作计划。在制定足球教学计划时,要体现专业性,制定的教学计划还要全面和合理,能促进学生全面素质的发展和提高。

(二)教师的主导性与学生的能动性相结合

一个良好的师生关系对于教学活动的顺利进行具有重要的意义和作用,在足球教学中,教师要非常注重自身主导性的发挥与学生学习能动性的结合。这需要注意以下几个方面。

（1）树立正确的教学观。在足球教学中，教师要采取各种手段和措施提高学生学习的积极性，注意与学生之间的沟通与交流，杜绝"教师中心论""学生中心论"的片面教学思想和观念，树立正确的教学观。

（2）充分调动学生的能动性。学生学习效率及学习水平的提高是建立在自身主观能动性的基础之上的，如果厌学或者学习的积极性不高就难以取得理想的学习效果。因此在足球教学中教师要想方设法地提高学生学习的能动性，促使其积极主动地投入到足球教学活动之中。

（3）以教师为主导。教师在足球教学过程中起着重要的指导作用，作为一名合格的足球教师，必须要不断提高自身的专业素质和教学水平，为学生做好良好的表率，引导学生自觉参与足球学习。

（三）感觉、思维与实践相结合

足球运动比较复杂，学生在参加比赛的过程中，要及时、灵活地处理各种突发问题，没有一个良好的感觉与思维能力是不行的。因此在足球教学中，教师还要注重培养学生的感觉与思维能力。

（1）在教学中运用直观感觉手段要有一定的针对性。每一名学生都是不同的，无论个性特点还是运动基础都存在着一定的差异。因此，教师要结合学生的具体实际，本着区别对待的原则进行教学。

（2）利用多种直观感觉手段。随着现代社会的不断发展，多媒体在学校足球教学中得到了广泛的利用，教师应利用多种媒体手段帮助学生建立准确的感官意识，帮助学生建立正确的动作表象，从而提高动作技能。

（3）正确处理感觉、思维与实践的关系。要想帮助学生快速建立正确的动作表象，就必须要提高学生正确的直观感觉的能力，让学生克服单纯重复、机械模仿，培养和提高学生的运动思维，将直观、思维与实践结合起来进行。

（四）循序渐进与系统性相结合

足球教学是一个系统工程，学生足球运动水平的提高并不是短时间就能实现的，需要经历一个长期的过程。在这一过程中，必须要遵循循序渐进的原则，这主要体现在教学内容安排的顺序要合理，要由易到难，与此同时，教师在安排教学内容时还要注意各周期各阶段内容的衔接性。具体而言，要注意以下几个方面。

（1）教学内容的安排要遵循由易到难的基本原则。以足球传球技术为例，首先要从脚弓传球开始练习，在熟练之后再进行其他部位的传球练习。

（2）练习手段和组织方式由简到繁。在足球技战术练习中，可先模仿后实践练习，再从局部对抗到整体练习。

（3）对抗程度由弱到强。足球技术的练习是由弱到强的练习过程，是由无对抗到有对抗练习，最后在实践中检验效果。

（4）运动负荷由小到大。在足球训练活动中，运动负荷的安排要逐步增加，切忌盲目进行训练。

（5）教学活动要有一定的系统性。在教学安排上，要高度重视教学周期、教学阶段、教学任务的制定，将其看作整个系统合理地安排。

（五）实战性与综合性相结合

足球教学具有一定的系统性特点，教师要指导学生将身体素质、技战术、心理、智力等各方面统一起来进行练习，提高学生的综合素质。另外，在平时的教学中，还要增加模拟实战练习，提高学生的实战能力。

（1）技术要合理搭配。教师要结合足球比赛的要求，合理地搭配技术，选择合理的方法帮助学生提高技术水平。

（2）技战术与身体素质结合。在具体的教学过程中，教师要结合学生的特点和运动基础合理安排训练的时间、运动量和运动强度，将身体素质和技战术结合起来进行。

（3）技战术与意识的结合。足球意识的培养和提高非常重要。因此教师应根据足球比赛具体情况和要求，不断强化学生的足球意识，逐步提高学生的技战术水平。

（4）技战术与对抗能力相结合。足球比赛充满了激烈的身体对抗，因此提高学生的身体对抗能力也是尤为重要的。所以在平时的教学实践中，教师要适当增加对抗性练习，以提高学生的身体对抗能力，提高学生在对抗中技战术运用的能力。

（5）模拟实战练习。只有在实战比赛中学生才能更好地提升自己的运动水平，因此在平时的教学实践中，教师要多安排一些模拟实战的练习，提高学生适应比赛的能力。

三、足球教学理念的确立

随着现代足球运动的不断发展，竞赛规则日益完善，技战术打法也越来越成熟，为适应这些变化，足球教学理念也要随之革新与发展。但不论足球运动如何发展，教学理念如何改变，都需要按照以下要求进行。

（1）足球教学要与比赛实际相联系，要将学生的技战术练习与身体素质练习结合起来进行。

（2）足球教学要为学生实战能力的提高服务，要教学中要多进行实践演练。

（3）教学内容、教学手段要能经得住比赛实践的检验，能有效提高学生的足球实战能力。

以上足球教学的几个理念，是广大的教育者在对现代足球运动深刻理解的基础上，通过教学实践而总结出来的科学的教学思路，值得提倡和推广。

四、足球教学理念贯彻与实施的组织保证

（一）地方足协

在我国的足球管理体制中，中国足协与地方足协有隶属关系，地方足协仍是执行足球运动相关工作的主力军，对本地区的各类、各级别的球队负有管理和指导的权力和责任。我国学校足球队的组织和建设可以结合地方足协传达的教学和训练理念，并根据学生的特点，进行有针对性的足球实践。地方足协要对当地的学校足球教学提供必要的帮助，包括政策或投资等方面。

（二）教练员培训

近些年来，中国足协通常会利用每年冬（春）训期间为众多各级青少年足球队提供良好的训练和比赛条件。同时还结合具体实际聘用一些外国教练员进行授课及听练结合活动。这对于学校足球教学水平的提高具有重要的意义。

要改善和提高学校足球教学训练水平，加强教师或教练员的培训是非常重要的，但学校足球应服从于整体的教学理念，把重点放在检查学校足球教学理念的落实情况、新知识和技能的学习方面，重点提高学生运动员的足球运动水平。要将教师或教练员培训看作是足球教学中至关重要的一部分。

（三）业务管理和指导队伍

1. 足球协会

为推动我国足球的发展，中国足球协会应责无旁贷地确立并推行现代

足球教学训练理念,为学校足球的发展提供必要的政策支持,为学校足球提供力所能及的指导,推动学校足球教学工作顺利地进行。

地方足协应服从中国足协的领导、执行中国足协决定,在这一基础上,切实按照现代足球教学训练理念管理、指导地方各学校的青少年足球队的教学和训练工作,确保该校教学训练理念的贯彻落实。

2. 教练员讲师

足球强国的教练员讲师是在该国足球协会领导下,由国家优秀教练员牵头形成的、专业的足球工作指导队伍,主要指导足球教学训练理念的贯彻情况等相关问题。

在我国,尤其是学校,确保我国足协确立的教学训练理念指导工作是我国学校足球目前急需解决的问题。

第二节　中外足球教学理念分析

一、理论指导实践的差距

(一)欧美足球教学理论指导实践的方法

一些欧美足球强国,如西班牙、德国、法国、英国等都非常重视运动人才足球理论知识的培养,主张用理论指导实践去解决问题,只有良好的理论基础才能为日后学习足球技战术提供便利。

中国足球职业化以来,我国各俱乐部都非常重视用先进的理论知识去武装运动员。中青队主教练克劳琛曾经说过,首先只有通过细致的讲解,才能使运动员知道他们在场上应该在什么时间做什么事情和怎样去做;其次,运动员只有具备了丰富的知识才能真正了解各种技战术的特点、各位置的职责。这样才能激发运动员自觉主动地学习。

除此之外,欧美足球强国的学校都有专门的医护人员与保健人员。他们除了负责学生运动员的医疗保护外,还将收集到的资料提供给主教练,主教练参考学生运动员的体能发展情况制定合理的训练方案。可以说,只有教练员充分了解和掌握了运动员的基本状况才能合理地安排足球教学与训练。

随着现代足球运动的不断发展,整个足球运动体系的工作人员分工越来越明确和细化,足球教学也越来越系统和有针对性。欧美足球强国的教学理论指导具体实践的做法值得我们借鉴。

（二）我国足球教学理论指导实践的方法

首先，据调查发现，目前我国大部分学校的足球教师或教练员主要来自于退役运动员或其他体育项目的体育教师，虽然他们的足球技术水平有所保证，能满足学生运动员的需求，但是他们的文化水平、足球专项理论知识较差。在具体的足球教学实践中难以运用相关的科学理论安排教学计划，在教学与训练上都表现出一定的随意性。在足球教学中，很多教师或教练员所教授的足球缺乏新意、内容枯燥单一，难以激发学生学习的兴趣。有些教师采用一些平时不常见的教学方法，美其名曰为创新的教学方法，实际上这些教学方法在国外早已屡见不鲜，这一现象主要反映出了我们一些教练员的足球理论知识贫乏，没有与时俱进的发展，难以用自身良好的足球理论指导实践。

其次，目前我国大部分学校都没有配备相关的科研教练员和专业运动医学人员，对学生的身体素质、运动负荷、机能变化情况等不是很重视，也没有相关的仪器对其进行监测。大部分足球教师或教练员都是凭借自己的经验进行教学或组织训练，这难以保证良好的教学训练效果。

再次，我国学校足球教学的内容还有待于商榷，很多教学内容大都源自于竞技足球运动员的训练，不符合学生的实际情况，在一定程度上影响着学生的身心健康发展，也不利于其运动水平的提高。

最后，我国大部分学校足球队通常只有一两名足球教练员，由于足球教学与训练工作是非常复杂的，现有的工作人员难以适应这么大的工作量，导致很多教学环节都难以做到细化，这非常不利于足球教学质量的提高。关于这一方面，我们要注意借鉴足球强国的先进经验，促进自身的完善与发展。

二、技战术风格的差距

（一）欧美足球教学技战术风格理念

欧美足球强国的学校足球体系一般都非常完善，足球教学涵盖各个年龄段，并且所有的年龄段足球教学都坚持统一的技战术打法。这种方式能很好地从中选拔足球队所需要的人才，提高了足球成才的效率。如英国、德国、西班牙等足球强国大都采用这一方式，像亚洲的日本也是采用这一方式，日本足球的发展起步晚于我国，但是他们长期以来都按统一种风格培养足球运动员,经过多年的发展,日本足球运动水平已远超我国,成为亚洲乃至国际足坛中的一支劲旅,日本男足几乎每一届都能打进世界杯决赛圈,而女足甚至夺得过女足世界杯的冠军。这说明这些足球强国所采用的各级足球队统一技战术风格的方式是非常有效的,值得我国借鉴。

(二)我国足球教学技战术风格理念

与足球强国相比,我国各级足球队都没有形成一个统一的技战术风格。以成年队为例,通常是每隔一段时间都会学习其他国家不同的技战术打法,风格非常不固定,并且缺乏一定的针对性,长此以往我国的足球运动水平不可能得到有效的提高。在我国足球运动改革与发展的道路上,我们曾经先后学习了巴西、德国、荷兰、西班牙等国的技战术风格,但都只是表面上的简单模仿,并没有形成一个良好的系统。青少年足球队、国家队的技战术风格都不统一,我们长期纠结于各国不同的技战术打法,很难在短时间内适应不同的新的技战术风格,这非常不利于足球人才的培养,不利于足球运动水平的提高。

因此,为改变这一现状,我国应该效仿足球强国的先进经验,结合我国足球运动员及学生的具体特点,采用符合自身的技战术风格与打法,以形成一个稳定的技战术打法体系,这对中国足球的健康发展是大有帮助的。

三、教学大纲的差距

(一)欧美足球教学大纲

足球强国一般都非常重视青少年足球人才的培养,普遍拥有完善的青训体系。这些国家大都制定了非常详细和统一的教学大纲。青少年足球教学的任务与目标都非常明确,教学都比较严格,往往能取得理想的教学效果。在统一的教学大纲下,学生能全面、系统地掌握足球技战术知识,提高运动技能,促进自身素质的完善与发展。

因此,纵观欧美足球强国的青少年学生,他们通常都拥有良好的身体素质和较高的足球水平,在具体的实战中能完成各种足球技术动作,身体能适应比赛强对抗的要求。这与我国形成了鲜明的对比。

(二)我国足球教学大纲

与欧美等足球强国相比,我国学校足球队的教学大纲还很不统一,并且也缺乏一定的先进性和创新性。为了追求比赛成绩,甚至还存在着谎报年龄、弄虚做假的现象,这对我国足球的健康发展是非常不利的。因此,总体上来看,我国各学校的足球队教学很不规范,存在着各种陋习和不完善的地方,需要进一步改进。

前亚洲足球联合会秘书长维拉潘曾经说过:"日本足球发展快,是因为有着雄厚的青少年足球基础。中国足球在这方面还需要进一步努力。"因此,借鉴和参考足球强国的先进经验,制定一个统一的教学大纲并贯彻落实是我国学校足球发展的一项重要任务。

四、教学方式的差距

(一)欧美足球教学方式

为了提高学生的身体对抗能力,在平时的教学训练中,欧美足球强国的足球教学主要以对抗教学为主,长此以往,学生在参加比赛的过程中就不怕对方的紧逼,拥有加强的身体对抗能力,能快速地适应比赛的变化。因此注重对抗和实战是欧美等足球强国所普遍采取的教学理念与方法。

对抗教学能帮助学生更加深刻地理解对抗的强度和真实性,如在正式比赛中,运动员会出现一定的运动损伤,而在接近实战的对抗环境下,学生也能体验到这一情况。长期在这样的环境下进行训练,即使在激烈的对抗比赛中,学生的技术动作也不会变形,能发挥出平时的训练水准或超常发挥。

(二)我国足球教学方式

总体来看,目前我国的学校足球教学理念较为落后,没有形成一个先进的教学方法体系,整体教学水平远远落后于欧美足球强国,甚至不及亚洲的日本、韩国等。

当前,我国大部分学校足球队都不是特别重视足球对抗中的教学,认为这一教学方式常会发生运动伤病,不利于学生的身体健康。这一认识是比较片面的。之所以出现这一情况,与学生意愿、学校升学压力有关,还可能与家长的压力有关。总之,长期在环境下进行学习与训练,学生难以提高自己的对抗能力,不利于参加正式比赛。

五、身体训练方面

(一)欧美足球强国将身体训练与实战有机结合在一起

长跑、越野跑、变速跑等耐力训练,是欧美足球强国用于准备期或青少年打基础时的身体训练。进行身体训练的主要目的在于为参加比赛奠定良好的体能基础。只有运动员具备了良好的体能素质,才能适应高强度的比赛需要。因此,应该在身体训练过程中,合理运用运动负荷来达到这一目的。另外,没有超量恢复就没有身体素质的提高,欧美等足球强国常常将学生的身体训练与实战比赛结合起来进行,这能帮助学生快速适应比赛,培养足球比赛所需要的体能素质。

（二）我国足球的身体训练与技战术的实战需要不符

据调查,目前我国绝大部分职业足球队基本上都采用越野跑、12 分钟跑、长跑、重复跑、变速跑等方法来提升运动员的体能水平。虽然这些训练的使用取得了一定的成效。但是,只靠这些简单的体能训练方法是远远不够的。这种不结合比赛实际的训练手段缺乏一定的针对性,不利于运动员或学生参加正式比赛。与欧美足球强国相比,我国足球运动员在比赛中往往会表现出体力不支,尤其是连续冲刺与对抗能力不足的现象。因此,欧美等足球强国的身体训练与技战术相结合,与正式比赛相结合的方式值得我们参考和借鉴。

第三节　足球运动教学理念的未来发展

随着现代足球运动的不断发展,各种创新的教学理念极大地丰富了足球教学体系的内容,在良好的教学理念指导下,足球教学水平也能得到快速的提高。从足球运动目前发展的情况来看,创新型教学理念、战略性教学理念、操作性教学理念等受到重视,在足球教学中扮演着越来越重要的角色。

一、创新型教学理念

（一）转变传统的教学观念

受传统教育观念的影响,当前我国足球教学存在诸多不足,教学没有针对性,不能结合学生的具体实际因材施教是一个最大的问题。一刀切式的教学模式阻碍着学生创造性、创新性和能动性的发挥。因此,要想提高足球教学的质量,必须要转变传统的教学观念,与时俱进地采取创新的教学理念促进学生的成长与发展。

1. 重视学生的主体地位

在传统的足球教学中,学生的主体地位不明显,在课堂上学生大都是被教师牵着鼻子走,这种教学方式对学生的发展是非常不利的。因此,要采取现代创新的教育理念,注重学生的主体地位,充分发挥学生的能动性,提高学生独立学习的能力。现代创新的教学理念将学生放在突出的地位,主张一切教学活动都要围绕学生这一主体展开。足球教师要在帮助学生熟练掌握足球运动技能的同时,不断提高学生的创新能力。总之,只有学生的主体地位提高了,学生学习足球的能动性才能得到提高,这样才能保证理想的足球教学效果。

2. 做到以"教"为"学"

在足球教学中,教师的教只是一种手段,其目的在于引导学生学会学习,真正做到以"教"为"学",不断提高学生的创新能力。

因此,创新教育理念认为,在学校足球教学中,应充分尊重和保障学生的主体地位,充分发挥足球教师"传道、授业、解惑"的作用,以"教"为"学",促进学生学习能力的提高。

(二)改变陈旧的教学模式

学生足球运动水平的提高并不是一件容易的事情,需要经过长期不懈地训练才能发展和提高,在长期的足球训练过程中,绝大部分技术动作都是重复的,无趣的,久而久之,学生就会产生厌烦的情绪。因此,要变革以往陈旧的教学模式,尽可能地采用创新的富有趣味的教学方法进行教学,不断提高学生的创新能力和创新意识,建立一个创新型的教学模式。在这样的教学模式下,学生学习的积极能动性才能得到提高,才有利于足球教学水平的提高。

另外,足球教师还不要忽略了学生组织与设计课程的能力,教师要时刻鼓励学生去探索,为学生营造一个良好的学习环境和氛围,激励学生积极思考,刺激学生利用发散性思维思考问题,解决问题。

(三)变革落后的教学方法

在传统的足球教学中,教学方法往往比较单一,大多由教师示范讲解,然后学生进行模仿练习,这一教学方法比较枯燥,学生学习的积极性不高。在这种教学方法体系下,难以挖掘学生的潜力,难以提升学生的实际运动水平。因此,变革这种落后的教学方法就成为足球教学改革的重中之重。

在创新教育理念背景下，非常重视足球教学情境的创设，通过不同教学方法和组织形式的利用，将学生带入既定的教学情境中，让学生在接近真实比赛的情境中去探索和提高，这样能充分挖掘与发挥学生的潜能，实现跨越式发展。

在创新教育理念下，还十分注重师生间的互动，主张学生主体地位的发挥，要为学生创造一个轻松自由的学习氛围，不断提升学生的思维创新能力，在互动教学中获得足球知识与技能。

探究教学法也是创新教学理念下的一种非常重要的教学方法，这一教学方法在整个学校教学中都得到了广泛的利用。探究教学法是指在教师的指导下，在学生学习经验的基础上，发散学生的思维，让学生带着问题去听课，带着问题去寻求各种动作技术的练习技巧，这样能有效提高学生自主解决问题的能力。

（四）创新足球教学理念

学校足球教学要求培养全面发展的足球人才，这与创新教育理念所要求的培养高素质体育人才的理念是完全一致的。因此以创新的足球教学理念为指导能促进学生的健康发展，有利于培养出高素质的足球人才。

在传统的足球教学中，技战术教学是核心内容，而作为教学主体的"人"，即学生则处于次要地位，学生在学习的过程中，主要围绕"球"展开，忽视了学生主观能动性的发挥。这种教学方法是非常不利于学生足球运动水平提高的。

而在创新的教学理念下，学生是教学活动的重要主体，教师在制定教学计划时，必须以促进学生的全面发展为根本目标，必须要始终贯彻创新的教育理念，以培养学生的足球意识、人文素质、和道德情操为重点，促进学生体能素质、心理素质、运动技能、个性特征等全面地发展，这对学生将来走向社会，适应社会具有非常大的帮助。

二、战略性教学理念

（一）现代足球培养目标的理念

很长一段时间以来，我国的足球培养目标基本上是以球队为重的，注重比赛成绩。然而，这种过于追求比赛成绩的观念导致我国学校足球教学存在很大的误区，长此以往，学生的个性和特长就会受到压制，教师的创新能力也受到影响。

在学校足球运动发展的过程中,要想培养高素质的足球后备人才,就要将学生个人技战术水平、场上应变能力和比赛成绩结合起来,以挖掘足球人才的最大潜力。因此,培养足球后备人才的正确理念应该在注重球员比赛成绩的同时,在足球教学中及时的发现人才、培养人才。

(二)现代足球发展规划的实施理念与实践特征

1. 现代足球发展规划的实施理念

中国足协在 1993 至 2002 年的《中国足球事业十年发展规划》中提出:"要把开展青少年足球运动,培养大量优秀后备人才作为足球的战略重点。我国足球运动水平要提高,青少年的技术、意识、作风和良好的身体素质、文化素质是重要环节,必须下大力气,把青少年足球运动广泛地开展起来,形成良好的竞争机制,以此推动高水平后备人才的大量涌现。"

中国足协在《2003—2012 年中国足球十年发展规划》中强调:"足球活动更加普及。全国中小学校普遍开展足球活动,运动员力争达到 5 000 人,系统参加足球训练的青少年达到 100 万人。建立青少年足球训练营体制。从 2002 年开始,在全国逐步建立分级、分区、层层选拔的青少年训练营体制。"

综上所述,我国足球运动的发展旨在培养青少年的足球意识,重视从小抓起,注重个体的发展。

2. 现代足球发展规划的实践特征

一般来说,现代足球发展规划主要体现出以下几个特征。

(1)注重各个梯队的建设

优秀足球运动员的培养需要一个长期的过程,而我国则显得急功近利,过于注重国字号队伍的建设,过于注重球队的短期成绩而忽视了运动员的前期培养与发展,因此获得的社会效益和经济效益甚微,具有明显的滞后性。

因此,现代足球战略性部署要求国家和足球俱乐部不能只注重眼前的比赛利益,而应在长期训练过程中持续给予足球运动员最大的支持和帮助,并应重视足球队伍的长期建设。不仅足球俱乐部如此,学校足球也应如此。

(2)重局部,广普及

目前,受各种客观因素的影响,在全国范围内进行青少年足球的发展规划十分有限,缺少足够的时间和精力,这使得足球运动的发展缺乏广泛的群体基础。此外,在很多学校,一些体育教师由于综合素质所限,并不具备教授学生进行足球训练的资格,因此,新实施的亚洲足球展望计划也只能使部分学校的学生获益。

足球人才的培养是一个长期的过程,近些年来,党和国家领导人都比较重视校园足球的发展,制定了一系列有利于学校足球发展的文件或我国在培养青少年足球运动员工作中也做出了很多的努力,越来越多的学生更加热爱足球运动,并从中受益匪浅。由此,足球运动在学校的普及也进入了一个崭新的阶段,并将持续地、健康地朝着多元化方向发展下去。

(3)建立健全比赛体系

现阶段我国的足球比赛体系还很不健全,尤其体现在青少年足球队的比赛体系上,目前,我国青少年足球运动员的比赛过少,主要集中在冬训中的赛会制比赛上。

因此,在现代学校足球运动的发展规划中,应重视增加一些青少年运动员参加需求比赛的机会,健全足球赛会制度,完善比赛体系,为足球运动员的长期发展创造更多的机会,并积极督促足球运动员在实际比赛中自身运动能力和应变能力的提高。

(三)现代足球战略观念和训练理念的结合

在足球教学中,运用足球战略性教学理念,要注意将足球战略观念与教学理念充分结合起来进行。一般来说,要注意以下两方面的要求。

一方面,足球战略观念是足球战略决策的主导,而足球战略决策则决定着足球战略的结果。足球教学理念是否准确和科学,直接影响着学校足球运动的发展水平和发展方向,因此,必须从根本上改变落后的足球教学理念,以战略眼光看待整个教学过程,将学生的体能、心理、智能与技战术充分结合起来进行教学。

另一方面,现代足球教学理念对足球教学实践具有重要的指导意义,科学的足球教学理念是足球运动实践正常进行的基础和保证。当前我国学校足球教学水平落后的一个非常重要的原因就是教学指导理念不规范和不系统。因此,学校足球运动想要获得不断发展和创新,就必须确定先进的足球教学理念,只有这样,才能提高我国的学校足球教学水平,才能为我国培养出高素质的足球后备人才。

三、操作性教学理念

(一)操作性教学理念的内涵

操作性教学理念具有较强的实践意义,对提高学生的实践能力具有非常大的帮助。足球操作性教学理念要求教师要明确学生身心发展和足球发展的基本规律,对学生参与足球训练与比赛的能力有一个准确而客观的判断。

在操作性教学理念喜爱,足球教师能有针对性地设计足球教学方案指导学生进行科学的学习和训练,同时操作性教学理念还注重足球教学过程的趣味性和有效性,主张挖掘与发挥学生的学习潜力。因此,这对学生积极能动性的提高及学习水平的提高具有非常大的帮助。

与国外足球强国相比,我国很难培养出一个世界级的足球球星,这除了在选拔与培养方面我国还存在缺陷外,与教学理念比较落后,与训练缺乏针对性和操作性也有一定的关系,因此操作性的足球教学理念理应受到重视。

(二)操作性教学理念的特征

1. 结合实战

在我国足球教学中,学生运动员普遍存在的一个现象就是缺乏热情、学习的积极性不够。因此,教学与训练之前制定详细的训练计划,针对学生的个性特点和具体实际确定教学内容能促使学生积极主动地投入到足球学习中去,能提升学生积极主动学习足球的意识。

另外,教师还要采用灵活多变的教学手段与方法指导学生学习和训练,最好是结合具体的实战进行,如在设计"长传转移后射门得分"训练中,一名进攻球员接球后进入大禁区,刚要运球突破射门,教练却指挥其分边长传转移。足球比赛的目的是射门得分,得分最佳区域为球门对面的禁区附近,球员进了禁区却不让其充分发挥个人技能得分,这种训练方式就比较有趣味性,能提高学生学习的积极性。

2. 注重细节

在具体的足球教学中,足球教师或教练员还要重视教学活动中的每一个细节,对学生在训练中出现的各种给予认真细致的指导,直至学生能很好地掌握足球技战术内容。例如,如果学生在运球训练时,一般习惯于低头看球,而不习惯于抬头观察场上的情况。这是因为,在平时的足球训练中,教练员没有仔细观察,也没有严格要求,更没有能结合战况实际组织训练。因此,在学校足球教学中,教师要注重学生的每一个动作细节,要结合具体的训练场景指导学生进行实践练习,以提高学生的运动水平。

3. 重视学生个性发展

在传统的教育理念下,教师大都采用灌输式的教学方法,导致学生失去了想象力、创造力和自我体验的机会,在真实比赛中,学生往往显得无所适从,难以适应比赛的要求。

此外,在教学中还存在着一个不好的现象就是教师往往要求学生按照自己事先安排好的技战术内容进行训练,如果有学生没有按照既定的内容进行练习,或者自由发挥个人技巧就会受到教师的批评,这种情况非常不利于学生积极能动性的发挥。而操作性教学理念则强调以学生为主,主张采用各种创新的手段与方法激发学生学习的积极性。

(三)操作性教学理念的完善

1. 根据学生特点进行教学

由于每一名学生都是不同的,都有自己的个性特点,运动基础也是不同的,因此教师在安排教学活动时要有一定的针对性,依据学生的特点选择合理的教学方式,帮助学生实现良性发展。

在足球教学中,学生要循序渐进地提高技术水平,要将足球教学要求分成小的短期目标,在长期的教学过程中逐步实现这些目标,如果放弃任何一个短期目标,都会影响以后的教学与训练。

2. 教学指导与学生的发展需求同步

在操作性足球教学理念下,教学指导要与学生的发展需求相适应,要以发展的眼光看问题,与时俱进地组织设计整个教学过程。教师或教练员要时刻考虑如何改进教学过程以促进学生的长期发展。同时还要将"足球的重要基础"移植到学生能接受的水平,便于教学计划的顺利实施。

3. 结合足球发展趋势指导学生学习

足球教学过程受到的影响因素有很多,因此在足球教学过程中,教师要结合具体实际制定一个全面、完善的教学计划。制定的教学计划要能与时俱进地紧跟当前足球运动发展的形势,采用先进的教学方法进行教学。

首先,要采取各种措施和手段提高学生的全面运动能力。现代足球比赛发展非常迅速,要求运动员必须具备全面的足球技巧,才能灵活处理各种复杂多变的情况。

其次,要重视学生体能素质的训练。足球比赛竞争激烈,球员在赛场上的运动量和运动强度都很大,没有一个良好的体能素质,是无法完成比赛的,因此要将体能素质训练贯彻于日常足球教学中。

最后,要重视学生的心理素质训练。在足球比赛中,没有一个顽强的心理素质是难以适应比赛的,因此作为一名足球教师或教练员,除了在日常教学中强调学生的体能练习与技战术练习外,还要将心理素质训练作为足球教学课的重要内容。

四、当代教育理念对足球教学的启示

(一)要激发学生学习兴趣,培养学生终身体育意识

在足球教学中,提升学生的足球运动水平是一个方面,激发学生参与体育运动的兴趣,帮助学生养成良好的终身体育意识也是非常重要的一方面。教师要改变传统教授者的角色,应该以引导者的身份进行教育。

在足球教学中,教师要采用各种手段和措施激发学生学习足球的兴趣,教导其从根本上热爱足球运动。因此,为提高足球教学水平,首先就要坚持提高学生兴趣为主的理念。

(二)以人为本,重视学生的主体地位

在以往的教育模式下,学生始终处于被动学习的地位,教师起着重要的主导作用,教师负责一切教学活动的安排,学生进行机械式的学习,学生的自主能动性受到抑制。

而现代创新的教育理念则要求在足球教学中注重学生主体地位的发挥,注重学生的情感体验,结合学生的特点设计足球教学内容及教学各个环节,其目的都是促进学生能动性的发展,充分激发学生的积极性和学习潜能,帮助学生提高自己的足球学习能力。

(三)建立良好的师生人际关系

在足球教学中,建立一个良好的师生关系对教学质量的提高具有重要的作用。在整个足球教学过程中,教师与学生的地位是平等的,教师与学生同是学习的主体,教师作为教学活动的引领者,要积极引导学生独立思考,为学生营造一个良好的学习环境和氛围,促进学生的个性发展。

师生是重要的教学主体,二者在整个足球教学过程中要相互信任,相互支持,相互协作,这是建立和谐师生人际关系的重要基础。作为体育教师,要善于采用创新的教学手段与方法将学生聚集在一起,创造良好的学

习氛围,在和谐的学习环境下,增进彼此间的联系与交流,这样才能有效提高足球教学水平,促进学校足球运动的发展。

（四）因材施教,进行差异化教学

每一名学生都是不同的,他们在身体素质、心理素质、个性特点、足球运动基础等方面都存在着一定的差异,因此在足球教学中,教师要本着因材施教的原则进行教学。作为足球教师,要了解和熟悉每一名学生的具体情况,关注学生的个体差异,针对不同的学生挖掘其学习的潜力,激发学生热爱足球运动的兴趣,对运动水平较高的学生要求更加严格,对运动水平相对较差的学生要鼓励其多学、多练,总之要促进全体学生的发展和进步。

（五）培养和提高学生的课程设计能力

在足球教学中,为提高学生的综合能力,还要注意培养学生设计足球教学与训练课的能力,向学生充分灌输足球教学的基本理论知识,并指导其运用到教学实践中。通过足球教学训练课的设计,学生能清楚地看到教学活动中存在哪些问题,这样在日后的足球教学中就能避免错误、少走弯路,从而提高足球学习的效率。

（六）注重足球教学的创新

足球运动的发展离不开创新,同样足球教学要想获得进一步发展也离不开创新。在平时的足球教学中,教师要灌输给学生良好的创新意识,加强足球技术、战术等方面的设计与创新,结合中国特色与足球发展的实际创新出有效的教学模式与手段。作为足球教师或教练员要积极吸收先进的足球教学理念,促进学生足球运动水平的提高。

第五章　新时代足球运动训练的改革与发展

在新的时代背景下，随着竞技体育的不断发展，运动训练体系也不断完善，创新的训练理念与方法在体育运动中得到了广泛的利用。为进一步提高运动训练水平，必须要加强运动训练的改革与创新，足球运动训练亦是如此。为促进足球运动训练水平的提高，本章就重点研究足球运动训练体系是如何构建与发展的。

第一节　足球运动训练概述

一、足球运动训练要遵循客观规律

世界上任何事物本身都有一定的特点和规律，其发展要遵循这些客观的规律，违背了事物发展的基本规律，就难以获得良好的发展。在足球运动训练中，教练员要具有创新的思维能力，严格按照既定的标准指导运动员进行训练，并不断丰富足球训练的内容，创新训练手段与方法，激发运动员运动训练的积极性。

（一）足球运动员竞技能力形成的时间阶段性规律

对于足球运动员而言，其竞技能力的形成与发展不是一成不变的，在一定的时间段内会呈现出一定的阶段性规律。一般来说，年龄阶段不同，运动员的发育状况也是不同的，在训练的过程中，教练员要指导运动员依据自身的客观条件和现实水平进行训练，不能盲目训练，运动训练要与运动员的心理和生理变化相适应。所选择的运动训练内容与方法要有利于运动员的成长发育，能促进运动员各项能力的发展和提高。但是并非每一名运动员的成长发育曲线是相同的，而是呈现出明显的个体差异，并且运动员各发展阶段间的界限也不明显，即使在同一阶段也会有不同的发育过程和能力。因此，教练员在安排足球训练时要十分注意这一点。

一般情况下，青少年足球运动员的训练可分为三个阶段、即初学阶段、基础阶段和提高阶段。要根据青少年足球运动员的发育特征和具体实际设计训练内容与方法,以适应运动员的变化和需要。

初级阶段:这一阶段主要是指6—14岁这一时期。在这一阶段少年儿童刚刚接触足球,无论是身体素质还是足球运动水平都处于发展的初级阶段,这是运动员足球技术发展的最为敏感的时期。在这一阶段的训练中,教练员要密切结合运动员的实际合理安排运动负荷,有针对性地发展青少年的足球运动素质。

基础阶段:这一阶段是从14岁开始到18岁结束。这一时期是由掌握基本技术向提高足球比赛能力的转变时期。在这一阶段,青少年足球运动员一般都掌握了基础的足球技术,要通过多练、多赛才能进一步提升运动水平,促进自身足球综合素质的转变。

提高阶段:这一阶段是指青少年足球训练的提高阶段。这一时期青少年足球运动员的身体素质已基本接近成人,完全可以按照成人足球训练的方法进行训练。无论是运动量,还是运动强度都要比以往更大,同时这一时期还要加强足球高难技术的训练,进一步提升运动员技术水平。

(二)足球技战术发展过程的实战性规律

进行足球训练的主要目的在于提高运动能力,取得理想的比赛成绩。因此在足球技战术训练中要严格依据足球的实战性规律进行,要将以下三个方面充分贯彻于足球技战术训练之中。

1. 系统全面地培养技战术能力

要想顺利完成足球比赛,运动员必须具备全面的技战术能力,在比赛中能结合当下形势及时选择合理的技战术,促使比赛向着有利于本方的方向发展。另外,通过大量的训练和比赛,运动员能获得丰富的经验,能提高自己的足球技战术运用能力。因此,在平时的训练中,要十分注重运动员的技战术训练。

2. 技战术发展的实战性

在技战术学习的初级阶段,最好采用分解法和完整法相结合的方式,使运动员建立和形成正确的技术概念和动作。但需要注意的是,只有通过真实的比赛才能客观地评价运动员的技战术掌握情况,即使再好的技术动作如果不能在比赛中得到良好的应用,那么训练就难言成功。

3. 不断提高实战的层次,以最高级别比赛为指向

在训练的最初阶段就进行实战是不符合事物发展的客观规律的,因此

我们要把参加最高级别比赛作为训练的指向,把实战层次分为不同的阶段,每个阶段都结合运动员的实际确定训练内容,逐步提高运动员的足球竞技水平。

(三)职业素质与技战术发展的统一性规律

作为一名出色的足球运动员,不仅要具备高超的技战术水平,同时还要有良好的职业素养,二者是相互联系的。之所以要将职业素质与技战术相联系,其主要原因在于以下几个方面。

首先,只有具备良好的职业素养才能促使运动员积极地参与训练和比赛,将足球这一运动看作是自己的事业,以积极饱满的热情投入其中。

其次,足球是一项团队运动,无论是参加足球训练,还是比赛,运动员都必须要获得队友的支持,否则个人技战术就难以得到有效的发挥。

最后,在职业足球运动发展的今天,作为俱乐部的一名成员,运动员还要得到公众的支持。因为舆论对于俱乐部的发展非常重要,如果运动员出现一定的负面新闻就会严重影响俱乐部的声誉,不利于俱乐部的发展,同时对于运动员的整个职业生涯也是不利的。

(四)足球运动员培养的"金字塔"规律

对于欧美等足球强国而言,他们的足球发展模式基本上是"金字塔"型的,这一模式非常符合运动员的成才规律。经过各个阶段的选拔与培养,一部分人被淘汰,一部分人进入"金字塔"的顶端成为职业足球运动员。现代足球运动发展非常迅速,要求运动员必须具备全面的技战术素质,要有出色的体能、稳定的心理和高超的技术水平,这三个方面缺一不可。作为一名运动员要想到达"金字塔"的塔尖,需要付出不懈的努力,要克服各种困难和挫折。"金字塔"式的成才规律是运动员成长与发展的一个重要规律。

作为一名教练员,在培养运动员的过程中要始终遵循"金字塔"规律,要挖掘与培养具有出色运动天赋和潜力的人才。但是也不能忽略了一般运动员的培养,只有不断培养运动员对足球的热情,提高他们的各种能力,才能发挥他们在足球事业中的能量,促进天才运动员的培养。另外,需要注意的是,运动员个体存在差异性,不能过早地认为某一名运动员没有运动天赋,以免错失大器晚成的足球运动员。对于那些天赋异禀的运动员可以采取有针对性的训练,为他们提供良好的训练环境和条件,充分挖掘他们的足球天赋,但是在训练中要注意他们的身体承受能力,避免造成伤害。

二、足球运动训练要注重教育导向

进行足球运动训练的主要目的在于培养高水平的足球运动员,而高水平的足球运动员不仅表现在运动技能方面,还表现在各种素质的提高方面。因此在平时的足球训练中少不了对运动员的人文素质教育,要实现做人与运动训练的统一,对足球运动员进行系统的教育与培养。因此,足球训练要注意教育导向,强调运动员运动技能与文化素质教育的结合,实现足球训练与教育的融合与发展。因此,在运动员平时的训练中要注意以下几个方面。

（一）体现公平

在足球训练中要体现公平性原则,尽管每个球员的天赋不同,在运动水平和个性特点方面也存在差异,但教练员要做到对每个球员平等对待,给他们相同的机会,形成良性竞争的氛围。

（二）行为规范

在足球训练中要注重对球员进行行为规范的教育,要保证运动员在平时的训练中严格遵守各种行为规范。这需要做到以下几个方面的要求。

第一,讲文明、讲礼貌、讲团结、讲奉献、谦虚待人、尊重师长、敬老爱幼。

第二,仪表整洁,文明着装,言谈举止不污秽。

第三,遵纪守法,遵守生活纪律、训练和比赛纪律以及其他各项有关法规和规定。

第四,勤学苦练、发奋图强,全身心地投入训练和比赛当中。

第五,培养自身职业素质,树立坚定的事业心,有强烈的祖国荣誉感和责任感。

第六,树立公正竞赛、团结拼搏的职业道德。

第七,正确认识个人与集体、待遇与奉献之间的关系。

第八,养成良好的卫生习惯和生活习惯。

第九,严禁吸烟、喝酒,摒弃一切不利于本职工作的个人嗜好。

（三）职业道德教育

足球是一项团体运动,要想取得比赛的胜利,需要团队的配合,因此对运动员进行职业道德教育也是非常有必要的。通过运动员的职业道德教育,能帮助运动员正确地对待胜利和失败,帮助运动员学会自律,严格要求自己,杜绝不良行为。

三、足球运动训练要有阶段性与有序性

(一)确立个人训练目标

在足球训练中,教练员不仅要指导运动员进行科学的运动训练,还要帮助运动员学会制定足球训练方案,使其学会如何确立自己的训练和比赛目标。确立个人训练目标,要求运动员严格按照总的要求将大目标分为小的短期目标逐一去实现,只有短期目标实现了才能接近更高目标,从而实现最终目标。

(二)短期目标与训练进程相适应

一般来说,运动员的成长与发展呈现出一定的阶段性特点。作为一名教练员,要认真分析和把握这一规律,在青少年运动员的不同阶段采取不同的训练内容与方法。同时,教练员还要注意运动员的个体差异,因材施教。因为,运动员各阶段的发展计划或方案只是粗略纲要,在具体实践中还要结合运动员的个体差异进行。足球运动训练的各个阶段必须与各发展阶段的训练目标、训练内容、训练负荷相适应。通常情况下,女子6—16岁,男子6—18岁,在这一阶段要逐步培养运动员的各项能力。最佳的开始训练年龄为6—8岁,如果在这个年龄开始训练,就可以随着他们的发育,按照最佳的青少年阶段训练计划进行系统的规律性训练。对于没有经过初级训练的运动员,教练员要认真了解和分析运动员的具体实际,对其进行有针对性的训练,其目的都是提高运动员的运动素质。

(三)训练指导要与球员发展需要保持同步

随着竞技体育运动的不断发展,训练模式与手段发生着不断的变化,在新的时代背景下,传统的足球训练模式已难以适应当今足球训练的需要,因此要对其进行改革与创新。在改革的过程中,教练员的指导要与运动员的发展需要同步,否则就容易导致出现各种训练问题。对于青少年足球运动员而言,其生长环境发生了变化,对待足球的态度也会发生改变,很长一段时间以来,从事足球运动的青少年数量在不断减少,这些问题值得我们反思。在制定足球训练计划的过程中,我们要用批判的眼光认真审视足球训练的组织、设计、实施等各方面的环节是否出现了问题。认真分析

运动队及运动员在哪些地方存在不足,并积极采取有针对性的措施加以解决。

第二节　运动训练理论在足球运动训练中的应用要点

运动训练学理论在足球运动训练中的应用,主要揭示了运动训练的一般规律在具体运动项目上的表现特征。了解运动训练学理论在足球运动训练中的表现特征,能极大地丰富足球运动训练理论体系,为足球训练实践提供重要的依据和指导。

一、运动训练理论与足球训练过程的关系

(一)运动训练理论对足球训练过程的指导作用

运动训练理论是对运动实践的总结和概括,属于一种历史经验的总结,是对运动训练规律的揭示、解释和应用。整个运动训练理论体系包括多方面的内容,如运动训练目的、运动训练内容、运动训练手段、运动训练原则、运动训练评价等方面。足球运动训练过程长而复杂,因此需要做出合理的规划与安排,这样才能获得理想的训练效果。足球训练过程中所涉及的球队的训练目标、参与训练的教练员和运动员、训练中不同阶段的内容和方法、各个阶段训练的效果评价等,都是足球运动训练的组织者首先遇到的理论和实践问题;而足球训练的原则、足球训练过程的影响因素的分析以及足球训练过程的组织与控制等,是现阶段足球运动训练理论中比较薄弱的环节,也是我国足球运动职业化以来亟待解决的理论认识问题。运动训练学的研究成果,能够为足球运动训练实践提供广阔的思路,为解决足球运动训练过程中遇到的问题提供解决的理论依据和实用方法;与此同时,运动训练学理论还能够为完善足球运动训练理论、改善足球运动训练理念起到积极的促进作用。

(二)足球训练过程对运动训练理论的补充与完善

运动训练学理论源于运动训练实践,是对运动训练实践的总结。运动训练理论的不断发展、研究的不断丰富,为运动训练学理论的建立与发展提供了必要的基础条件,并使其成了阐述运动训练基础理论和运动训练过程中带有共性及普遍性问题的理论体系。像运动训练学理论中的周期性训练原理、竞技能力的影响因素分析等,都是从运动专项的训练实践中总

结而来,成为指导运动训练过程的理论基础。

足球运动训练过程涵盖各方面的要素,非常复杂,因此没有一个科学的理论做指导是不行的。现代足球职业化与市场化的发展对足球训练体制提出了很高的要求。这些变化对运动训练学理论的发展,为运动训练的阶段性划分理论提供了重要的依据,丰富了运动训练学的理论研究体系。因此说,足球运动训练的发展对运动训练学理论的补充和完善具有非常积极的促进作用。

二、运动训练理论的建立与发展对足球训练的影响

(一)能更加全面地认识足球训练过程的特征

一个完整的运动训练过程主要由六个基本环节构成,即运动员起始状态诊断、确立训练目标、制定训练计划、组织与实施训练活动、评价训练过程、实现最终目标。

组织与实施足球训练活动的主要目的在于提高运动员的足球竞技能力,进而取得理想的比赛成绩。因此,要从运动员的基础水平出发,确定训练的目标和计划,然后对整个训练过程进行监控,根据现实情况及时地优化和调整,促进训练目标的顺利实现。要想顺利地实施与监控整个训练过程,教练员和运动员还要充分理解足球训练过程中的几个特征。

1. 连续性和阶段性特征

足球训练过程呈现出明显的延续性和不间断性的特征。因此,作为一名运动员,要充分认识到训练过程的每一次课、每一个阶段,将其看作整个训练过程的重要内容,合理安排好每一节课的训练,提高训练质量。然而,需要注意的是,整个训练过程是由每一个训练阶段组成的,训练目标也是由各个阶段的训练效果的积累而实现的。因此,各个训练阶段又是独立存在的,都有自身的训练目标和任务。只有完成了每一阶段的训练任务,才有可能实现最终的训练目标。

2. 适应性特征

一场足球比赛的时间为 90 分钟,有时在某些杯赛中,甚至还会有 30 分钟的加时,这样长时间的比赛对运动员的体能提出了非常高的要求,如果运动员没有一个良好的体能素质和技能水平是难以完成比赛的。进行足球运动训练的主要目的就在于提升运动员的体能与技能水平,使其有效地

适应比赛的发展。运动员竞技能力的获得,是通过外部施加于运动员身体的适度的运动负荷,使运动员机体产生功能性的适应性变化,使机体的运动能力得到提高。这是运动员机体对训练负荷的生物适应现象。在适度的范围内,负荷量越大,对机体的刺激越明显,适应性变化也越显著。因此,在足球训练中,保持一定的负荷量是十分必要的。运动员在训练的过程中会产生适度的疲劳,这有助于其在比赛中充分发挥已有的竞技能力。但需要注意的是,如果超出适度疲劳的范围,就会产生过度疲劳,这是不利于运动员竞技能力发展的,需要引起重视。

3. 群体性特征

足球是一项团体运动,要想取得理想的比赛成绩,需要整个团队成员的努力,这充分体现出足球运动的群体性特征。在足球运动训练中也是如此,只有队员彼此帮助和扶持,彼此协同配合,才能实现既定的训练目标。因此可以说,运动员之间的群体合作,是足球训练过程的基本要求,运动员个体之间通常存在着一定的差异,通过集体的力量能弥补这种差异,实现既定的训练和比赛目标。在足球训练过程中,要注重培养运动员的集体意识,想尽一切办法营造一个良好的训练环境,组织与实施好整个训练过程。

4. 可控性特征

影响足球运动训练的因素有很多,如训练场地、气候、运动员身体状况、教练员等方面都有可能影响运动员的训练。看起来,影响足球训练过程的因素多而复杂,比较难以控制,但是在运动训练高度发展的背景下,可以采用科学的理论与手段对运动训练过程实施有效控制,保证顺利地实现训练目标。这体现出运动训练过程的可控性特征。随着现代运动训练的不断发展,可控手段与方法越来越多,运动员运动训练的强度、身体状况和训练方式等方面都能得到有效地监控。通过这些监控手段的利用,能顺利实施足球训练过程,为取得理想的训练效果或优良的比赛成绩奠定良好的基础。

(二)为科学地分析足球训练过程提供依据

运动训练学理论认为,多年运动训练过程通常包括基础训练阶段、专项提高阶段、最佳竞技阶段以及竞技保持阶段。各个阶段有着不同的训练任务和训练内容,并对运动负荷的安排提出了不同的要求。运动员进入最佳竞技阶段的训练并表现出最佳竞技成绩,是运动训练过程的最终目标,基础训练阶段和专项提高阶段的安排及要求,都要服从于最佳竞技阶段训练任务的完成。然而,最佳竞技阶段的获得是在前两个训练阶段的基础上实现的,基础是否扎实,将直接影响最佳竞技阶段的能力表现。

足球运动员的成才过程要经历长期、艰苦的训练,一名优秀的职业运动员从开始训练到取得优异成绩,需要 10～14 年的时间。在这个漫长的训练过程中,每一名运动员都要经历基础训练、专项提高训练以及获得和保持竞技能力的训练三个大的阶段。处于不同训练阶段的运动员的训练过程,其训练任务和训练内容是不同的。

足球运动的基础训练阶段,一般是针对 9—13 岁的少年运动员设置的,其训练任务是为将来成为优秀的足球运动员打下良好的运动基础。具体任务主要包括:培养运动员对足球运动的兴趣,让运动员体会足球环境中进攻与防守、控制与传递的基本规律,使运动员具备传递、接应、射门等基本的足球比赛能力,享受成功的乐趣。训练内容是发展运动员足球比赛中需要的基础运动能力的训练,这些能力主要有:身体协调能力、速度素质、灵敏素质、足球基本技术的学习和运用能力,发展足球比赛位置、区域概念的比赛能力等。

足球运动的专项提高阶段,一般是针对 14—19 岁的青少年运动员设置的,其训练任务是直接提高运动员足球专项运动所需要的身体机能、运动素质和心理品质,发展足球比赛中的技战术运用能力。具体任务主要包括:逐步发展足球运动所需的耐力素质、力量素质,全面地精通和掌握足球技术动作,发展战术素养,重点培养比赛中的竞技能力。训练内容是:加强对抗性练习和实战性练习,把已经学习和掌握的技术、战术方法,融入对抗练习中或比赛中去,不断提高运动员的技战术运用能力,结合实战需要培养运动员竞技能力。

足球运动的获得和保持竞技能力训练阶段,一般是针对 19 岁以上的运动员设置的,其训练任务是发展和保持高质量的体能,发展运动员在比赛中的快速思维和决断能力,不断增长比赛经验,培养比赛的创造能力。训练内容包括:各种实战环境下的模拟训练,参加正式比赛增长比赛经验,在实战中发展运动员竞技能力。

(三)优化足球训练过程的结构

运动训练学理论认为,运动员竞技能力是由不同表现形式和不同作用的体能、技能、战术能力、运动智能以及心理能力构成的。运动员的体能通过其速度、力量、耐力等基本素质表现出来;运动员的技术能力体现在技术动作的合理运用及动作运用的稳定性;战术能力主要表现在使自身具备的各项能力得到充分发挥,同时遏制对方能力的发挥,以及运动员各种战术方法的运用水平;运动员的智力水平和知识水平影响着其战术能力的发展和提高;运动员的心理能力集中表现在意志品质和心理调节能力。

足球运动中的竞技能力,同样受到以上五个能力因素的影响,并由其五个能力结构构成。足球训练过程就是运动员足球竞技能力结构的构建过程,足球运动训练的任务就是要综合、协调地发展运动员的足球竞技能力结构的诸项能力,并在比赛中充分地表现出来。

在足球竞技能力结构中,各项因素都是十分重要的,每一项因素都会影响足球运动员的竞技能力的表现。但是,处于不同训练阶段和不同竞技能力水平的运动员,能力结构中各项因素的影响程度是不同的,这就是足球运动员竞技能力结构各因素需求和发展的不平衡性。在训练过程中,要分析和掌握运动员对竞技能力结构各因素的需求程度,针对不平衡性所表现出来的主要的或急需的因素,有目的地进行集中训练,改善运动员竞技能力结构,提高运动员的整体水平。

足球运动员的竞技能力存在着个体差异性。个体差异性使得比赛阵容的组合更加丰富,技战术方法更加全面和独特,各队之间表现出不同的技战术特征,从而使比赛更加丰富多彩。然而竞技能力的个体差异性,也使得运动员个体竞技能力发展不平衡,在某项或某几项能力的发展上,不能满足比赛的需要。在足球训练过程中,既要看到运动员个体竞技能力的优势,还要看到他们的不足,力争在训练中发挥优势、弥补不足,使运动员的竞技能力既保持个体的特点,又在整体上得到提高,最终在比赛中表现出高人一筹的竞技能力。

足球运动员竞技能力结构的诸方面的发展,存在着互补性。由于足球具有比赛场地大、人数多的特点,不同位置职责的运动员,竞技能力的要求也会有所不同。因此,在竞技能力结构的诸因素中,某一方面的发展会弥补另一方面的不足。速度很快的前锋运动员可以弥补其技术能力较差的弱点;身材较高可以弥补头顶球技能弱的特点等。由于运动员在竞技能力某一方面的突出表现,使得他能够在比赛中占据一席之地,并在足球比赛的整体竞技能力上表现出一定优势。利用足球运动员竞技能力诸因素的互补性,在训练和比赛中合理安排比赛阵型和技战术要求,可以充分发挥全队优势,避免局部不足给全队带来的整体实力下降,并保持全队的整体性。

综上所述,足球运动员的竞技能力诸因素的组合是多方面的,运动员竞技能力的发展也是受多因素影响的。要正确地认识和理解足球运动员竞技能力结构对比赛的作用,以及不同发展水平对比赛的影响程度,在足球训练过程中科学地组织、合理地优化运动员竞技能力的训练,使全队运动员的整体竞技能力得到最佳组合,发挥出最大的整体水平。

（四）促进足球训练过程科学化的进程

虽然近些年来我国的职业化足球水平有了一定的提升,但与足球强国相比,在整个训练过程的组织与实施方面还存在着较大的差距。另外我国国家男子足球队的发展要远远滞后于足球职业化改革的进程。国外大量的实践表明借助于运动训练学理论的研究成果,能有效提高足球训练水平,从而有利于取得理想的比赛成绩。运动训练理论促进训练水平提高的作用主要表现在以下三个方面。

1. 提高足球运动训练过程的科学认识水平

足球比赛过程有一定的规律,科学地认识与把握这一规律是提高足球训练水平的前提。运动员一定要按照科学的训练指导思想进行训练,科学的训练思想则来源于对比赛规律的掌握,而训练过程的科学性的标准就是按比赛规律组织训练活动。足球训练的发展在很大程度上依赖于足球运动理论的研究。

2. 提高我国足球训练方法和手段的科学性

一般来说,足球运动训练过程的效果在很大程度上取决于训练方法、手段的科学性。训练方法、手段的科学性有其共性的客观标准,正确地理解和认识训练方法、手段的科学性,可以广泛借鉴和移植其他项目、其他国家所采用的科学的训练方法,为我所用。

3. 提高我国足球训练过程科学化监控水平

在当今运动训练快速发展的背景下,我们应充分认识到足球训练过程科学监控的重要性,要广泛运用科学的监控手段,提高训练的科学性,将教练员、运动员的个体经验与监控手段紧密结合,保证每一次课、每一个训练阶段的训练效果,训练质量才能够得到有效提高。

三、运动训练理论应用于足球训练中的注意事项

运动训练学理论对于足球运动训练的发展具有重要的影响,因此作为运动员一定要充分了解和掌握这一理论,以理论指导实践,促进训练活动的顺利进行。在运用运动训练理论的过程中应注意以下几点要求。

（一）用系统的思想认识足球训练过程体系

运动训练是一个大而复杂的系统，同时也是一个特殊的、独立的运动训练体系。在运用这一训练理论时，运动员要全面分析和把握训练体系内的各个因素，准确理解各个因素的以及各要素之间的关系，准确掌握整个运动训练过程。

（二）用科学的理论分析足球训练过程的结构

运动训练过程都有一定的结构，各结构间之间也具有一定的关系，遵循训练发展的一般规律，我们在分析训练过程结构时要本着科学的原则进行，运用科学的运动训练学理论去分析。运用运动训练理论能准确地把握足球训练结构中各个因素的作用，科学地安排训练，组织整个训练过程。这样通常能获得理想的训练效果。

（三）用长期的目标确定足球训练过程的计划

长期性和阶段性是运动训练的重要特征，决定了运动训练具有较强的计划性，同时也为制定训练计划提供了重要的依据。足球运动训练的长期性特点使得训练过程的计划更为重要，要想获得理想的训练效果，必须制定切实可行的阶段目标，在完成各阶段目标的基础上，最终实现总体目标。

（四）用制胜的规律提出足球训练过程的要求

足球比赛的制胜规律告诉我们，只有快速、对抗、多变、灵活的运用技战术才有可能取得比赛的胜利。在足球运动训练的过程中，应紧密结合灵活多变的技战术形式，选择和设计适宜的练习方法，提出明确的练习要求，严格管理训练过程，将训练与实战相结合，促进运动员训练水平的提升。

（五）用发展的阶段选择足球训练过程的内容

在足球运动中，整个足球训练过程主要分为几个训练阶段，要根据训练阶段确定训练的内容，这是足球训练过程的一般规律。在足球训练中，训练目标的制定必须要合理，训练内容要以训练目标为主要依据进行安排。训练的内容主要以实战为基础，在模拟比赛环境下或真实比赛环境下进行训练，有效提高足球训练水平。

（六）用有效的手段掌握足球训练过程的方法

要想完成训练任务，实现既定的训练目标，需要采用科学的训练方法和手段,这是基本的保证。一般来说,在选择足球训练手段与方法时要注意以下两个方面。

一方面,训练的形式要有利于运动员基础能力的发展和提高,训练的效果会有所不同。教练员在训练的过程中,应按照训练的任务提出具体的训练要求。

另一方面,训练的内容要与训练方式保持协调一致。只有二者搭配合理和协调了,才有可能获得理想的训练效果。

(七)用适宜的标准建立足球训练过程的评价体系

在足球训练中,运动员能否获得预期的训练效果,还要进行必要的训练评价。足球训练评价主要是看运动员在比赛中能否表现出训练中的技能水平。训练评价一般都有既定的评价指标,评价人员根据这些指标对运动员运动训练进行评定。评价指标的制定要符合训练任务的要求,要能够反映训练任务完成的情况,要能够综合地进行整体评价。不同训练阶段、不同训练任务的训练过程评价指标,应有层次上的差别和评价标准的水平差异。作为一名教练员,要总结运动员各个不同训练阶段的内容,采用合理的评价手段进行评定,监督运动员训练的整个过程。

第三节　现代足球运动训练体系的构建

构建一个科学、合理的足球运动训练体系需要讲究一定的方式和方法,作为教练员和运动员都要认识到足球训练体系构建的重要性。下面主要从足球运动训练的内容和目标体系、原则与方法体系,以及评价体系等方面展开细致的研究与分析,以帮助运动员有效地提高自己的运动水平。

一、足球运动训练的内容和目标体系

(一)提高足球专项体能素质

足球比赛充满着激烈的身体对抗,因此没有一个良好的身体素质做保障,是无法完成比赛的。作为一名足球运动员,必须要具备快速奔跑、及时摆脱、滑步、跳跃等基本能力,还要具备良好的射、传、运、突和抢、封、断等方面的能力。足球运动的运动强度较大,对运动员的各项身体素质都提出了较高的要求。因此,在平时的运动训练中,要将体能训练贯穿于整个训练过程之中。运动员在参加训练的过程中还要重视有氧能力训练、无氧能力训练和特定肌肉训练这三大类。其中以有氧训练为基础,结合速度、力量、柔韧、协调、灵敏等素质进行训练。其目的在于培养和提高足球运动所需要的专项身体素质。

（二）促进技战术的掌握和技能的提高

在足球运动中,技术是重要的基础,是运动员得以参加比赛的重要保证,只有具备了良好的技术水平,才能应对比赛。我们通常所说的足球训练,大部分内容都是指技术训练。足球技术主要有有球技术、无球技术和守门员技术三大类。作为运动员一定要熟练掌握好以上技术,守门员技术是守门员独有的技术,足球运动队或俱乐部一般都单独配备守门员教练,帮助守门员提高自己的守门技术。

战术在足球运动中也扮演着十分重要的角色,足球比赛的胜利也在很大程度上赖于战术是否得当,很多时候即使运动队的运动水平不高,但通过有针对性的战术辅助也是能取得比赛胜利的。在足球比赛中,以弱胜强的例子比比皆是。因此,培养足球运动员的战术能力,提高其战术意识非常重要。

足球运动的战术意识主要表现为运动员能根据临场情况的变化,随机应变地采取有针对性的战术,并与队友默契配合,克敌制胜。

战术意识可以看作是运动员的一种自觉的心理活动,这种自觉的心理活动主要包含运动员战术运用方面的感知、记忆、思维和想象等心理活动的总和,其中战术思维是其核心成分。通常情况下,战术思维具有直观形象性、实效性和敏捷性等特点。作为一名足球运动员必须要具有良好的战术思维和及时的应变能力。

一般来说,足球运动员的战术意识主要分为对比赛客观现实认识的感性和理性两个阶段。战术意识的感性阶段是指足球运动员对赛场上各种情况的感知,正确的感知有利于运动员合理的操控比赛,促使比赛形势向着有利于本方的方向发展。要想拥有正确的感知,运动员必须要善于观察,必须要具备全面、准确、敏锐的观察力,这是正确感知比赛的重要基础。战术意识的理性阶段是指在正确意识指引下的思维活动。运动员在比赛中将感知到的各种信息进行全面的比较、综合与分析,从而作出相应的决断,这一思维活动是在瞬间完成的,久而久之就会形成一种自觉的活动。需要注意的是,这一活动有赖于运动员丰富的实践经验。

总之,要想提高运动员的足球战术意识,促进其技战术水平的提高,要严格把握足球比赛的基本规律,包括技、战术方法及其运用,攻防原则,竞赛规则、规程,比赛环境等方面对比赛影响的规律。同时还要注意比赛经验的总结、提炼和积累。只有具备了以上能力，才能促进足球技战术水平的提高。

（三）心理能力的提高

足球比赛充满着竞争与对抗，在激烈的比赛形势下，如果没有良好的心理素质，是很难取得理想的比赛成绩的。对于一名专业的足球运动员来讲，必须要具备良好的自信心、高度的注意力和出色的意志品质，这是优秀的足球运动员所必须具备的基本能力。

（四）促进运动员的全面发展

在传统的训练观念下，往往只注重运动员身体素质及技战术素质的培养，对运动员的心理素质、文化素质、社会适应性等方面的发展不是很重视。这非常不利于运动员的综合能力的发展，导致他们在走向社会后难以适应当前社会的发展。因此进行运动训练的一项非常重要的目标和任务就是促进运动员的全面发展。

总之，足球运动训练的主要任务在于提高运动员的运动水平。在整个运动训练过程中，不同的阶段会有不同的训练任务，但其最终任务与目的都是促进运动员运动水平的提高。

二、足球运动训练的原则和方法体系

（一）训练的原则

1. 系统性原则

系统性原则是指运动员按照体能发展的基本规律而制定完整、系统的技战术训练方案。在整个训练系统中，各方面的内容要层层衔接，相辅相成，避免出现重复训练和训练跨度过大的情况。除此之外，教练员还要对训练的内容、负荷，以及各部分训练内容所占的比重做出合理的安排，以保证运动员科学地参加足球运动训练。

大量的事实表明，只有经过长久的系统性训练才能获得理想的比赛成绩。在短时间内运动员是难以获得高水平发展的，运动员要将系统的足球训练看作一项重要的任务。在不同的训练时期，训练内容都是不同的，但不同训练内容之间也有着密切的联系。因此遵循系统性原则非常重要，只有如此才能取得理想的训练效果。

2. 周期性原则

周期性训练是指运动员始终按照一定的周期循环,周而复始地参加运动训练。运动员在训练中要想尽一切办法促进运动水平的提升,其下一个训练周期的要求和水平都应在前一个周期的基础上有所提高。

通过周期性训练,运动员能获得良好的竞技状态,这样能轻松地适应比赛。运动员的竞技状态一般包括三个形态,即竞技状态获得阶段、竞技状态保持阶段和竞技状态下降阶段。每一个阶段的训练内容都是不同的,运动员要结合自身特点进行合理的训练。在周期训练过程中,运动员要逐步完成训练的目标,切忌急于求成。

3. 全面性原则

全面性原则是指在运动训练中,运动员对各项素质做出合理的安排,通过各种手段与方法促进各项素质的发展和提高。掌握这一原则需要注意以下几个方面的要求。

(1)要重视体能、心理、智能、技能等各方面素质的发展,这样才能为获得高水平专项运动技术水平奠定基础。

(2)人体各器官系统之间是相互依赖的关系,任何运动项目的训练过程中,人体产生的各种变化都是相互依存的,运动员各项素质的全面发展有助于促进不同运动素质之间的良性迁移,有利于运动员全面掌握运动技术。

(3)在一定的条件下,运动员的运动素质和技能会发生一定的转移,但这种技能的转移和形成是建立在一般运动素质基础之上的。因此,在平时的训练中,运动员还要非常重视一般素质的训练,这样才能为专项技能的提高奠定良好的基础。

4. 直观性原则

直观性原则是指在足球运动训练中多采用直观的方法,让运动员通过视觉、感官,建立正确的动作表象,从而提高运动员的足球技术水平。直观性原则要求运动员认识事物或参加运动训练必须经历直观到抽象、感性到理性的认识过程。在足球训练过程中,一般都是沿着直观、实践、建立概念、学会和掌握动作技能的思维认识程序进行的。直观感性认识是参加运动训练所必须经过的一个阶段,在训练的过程中要引起重视。

5. 一般训练与专项训练相结合原则

足球运动训练的专业性很强,因此运动员在参加足球训练的过程中一定要坚持一般训练与专项训练相结合的原则,促进体能、心理、运动技能等各方面素质的提升。通过一般训练,能帮助运动员养成良好的基础素质;通过专项训练,能有效提升运动员的足球专项技能。

足球运动训练中,运动员身体素质、心理素质与技术动作之间是相互影响、相互制约的。因此,运动员一定要将一般训练与专项训练结合起来进行,这样才能有效地提高足球运动技能水平。

6. 合理安排运动负荷原则

合理安排运动负荷的基本原则是指在进行运动训练时,应根据运动员机体的生理特点和具体实际,遵循人体机能发展的基本规律,循序渐进地加大运动负荷,保证运动机体获得良好的训练效应。

在足球训练中,运动员一定要合理安排运动负荷量,这会对机体产生重要的影响。大量的训练实践表明,负荷量及强度的大小是提高人体机能水平的关键因素,运动员一定要依据自己的身体特点和具体实际合理安排运动负荷,既不要过大也不要过小,过大或过小都不利于运动训练效果的获得。

7. 细节性原则

在制定足球运动训练计划的过程中,教练员一定要遵循细节性原则,认真制定训练计划,并制定各种细则。作为运动员,要将这些训练细节切实贯彻于训练之中。对于青少年运动员而言,其正处于运动能力的敏感期,这一阶段也是打好基础的最佳时期,因此足球训练必须从细做起,精益求精,打下必要的基础。

运动员无论在训练还是比赛中,都要注意细节,防微杜渐,实现既定的目标。可以说,通过抓小抓细,能纠正运动员认识上的偏颇,能促使运动员不断改进错误,养成良好的足球习惯,积极主动地参加足球训练。

(二)训练的方法

1. 重复训练法

重复训练是指按照固定不变的动作结构和负荷量,重复进行训练,形成固定的条件反射,从而使技术动作定型。这一训练方法常用于足球运动训练之中,主要用来提高运动员的身体素质、技能水平等。

重复训练法的应用有一定的要求,要求运动员必须在身体完全恢复的状态下进行训练,否则身体就难以承受,因为这一方法通常适用于强度较大的训练,如果没有一个良好的身体状态,就难以取得理想的训练效果,甚至有可能发生运动损伤。

2. 变换训练法

足球运动训练过程中有目的地变换单个动作结合、练习的负荷以及变换训练条件、环境等的方法称为变换训练法。一般来说,足球运动训练比较枯燥和乏味,长此以往,运动员就会丧失训练的积极性,而通过变换训练的内容、方法和手段,能重新激发运动员训练的热情,从而有利于取得理想的训练效果。在应用变换训练法时,要注意运动负荷的变换、动作组合的改变等要具有一定的渐进性,要循序渐进地进行,不能急于求成。

3. 循环训练法

循环训练法要求运动者根据技战术训练的具体任务,把预先设计的多项活动内容设计成若干个站,在训练过程中运动者按照一定顺序一站一站地进行练习,运用循环练习的方式周而复始、循环往复地进行练习。通常情况下,开始时先练习一个循环,过 2～3 周再增加一个循环,逐渐增加到 3～4 个循环,但最多不得超过 5 个循环。一次循环中应包括 6～14 个不同的练习,每个练习间歇为 45～60 秒钟,每个循环间歇为 2～3 分钟。该方法对刚刚参与技战术训练的运动者较为适用。

4. 间歇训练法

所谓间歇训练法,具体是指重复练习之间按严格规定的间歇时间休息后再进行练习的方法。训练中练习间歇时间的长短,取决于训练的目的、训练的强度、运动员的训练水平和身体状况。每次练习的数量、练习的负荷强度、重复练习的次数、休息方式和间歇时间是构成间歇训练法的五个基本要素。

运动员采用间歇训练法参与技战术训练,不仅能有效地提高呼吸机能,提高机体糖酵解能力和耐乳酸能力,还能在练习期间及间歇期间使运动者的心率保持在最佳范围之内,有助于提高和改善运动者的心脏泵血功能。

5. 竞赛训练法

竞赛训练法是指足球运动员通过竞赛或者游戏方式进行训练的一种方法。这一训练方法能有效激发运动员训练的积极性,能培养和提高运动员的创造力,促进运动员综合素质的提高。一般来说,常用的足球竞赛训练法主要包括训练性竞赛、游戏性竞赛、测验性竞赛等。在足球训练中,教练员要结合具体实际合理安排训练方法。

6. 持续训练法

在足球训练过程中,为了保持有价值的负荷量而不间断地连续进行运动训练的方法叫持续训练法。这一训练方法要求运动员进行负荷强度较低、负荷时间较长、无间断的运动。通常坚持长期的训练,能有效提高人体的有氧代谢能力,促进耐力素质的提升。总地来说,在进行足球运动训练时,要注意以下两个方面的要求。

(1)持续训练的时间较长,练习量较大,因此所采用的负荷强度不应太大。一般情况下,心率最好控制在 130～160 次/分之间,运动强度保持恒定,主要是发展运动员的一般耐力;如果要提高足球专项耐力,则可以增加负荷强度,持续适当的时间。

(2)在运动员训练期间或在休整时期,可以采用中小强度的训练方式,持续一段时间,主要是保持运动员的一般耐力,为参加比赛做好必要的准备。

三、足球运动训练的评价体系

(一)足球运动员基本技术评价

足球运动技术可以分为有球技术和无球技术两种。其中,无球技术主要包括跑动、转身、跳跃、急停等。有球技术主要包括带球、传球、接球、踢球等。对足球运动员进行评价能帮助运动员客观认识自己的运动水平,从而更加有针对性地参加训练,弥补不足,提高运动技能。

1. 传球技术评价

(1)吊圈传准(脚背内侧)

评价目的:测试足球运动员的传球准确性。

场地器材:一块足球场地,外圆半径为 4 米,内圆的半径为 2.5 米(图 5-1);一个足球。

评价方法:测试者将足球放在第一条线上,向传球区内拨球,然后跑上去向圈内传球,传球时球要保持运动状态,用脚背内侧踢球。

评分标准:每人踢 5 脚,球第一落点在小圈得 2 分,在大圈得 1 分,未传到圈不得分,满分为 10 分。得分最高者获胜。

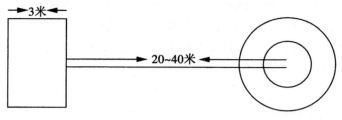

图 5-1

（2）三角形地滚球传准

评价目的：检验足球运动员传接地滚球的能力和水平。

场地器材：3 个直径 5 米的圆圈构成 3 个测试区域（A 区、B 区和 C 区），每两个区的中心之间距离 17 米构成等边三角形（图 5-2）；一个足球。

评价方法：将受测试者分为 3 个运动小组，每组 1 名队员。3 名受测试者分别站在 A 区、B 区、C 区内，A 区队员持球，测试开始由 A 区队员将球按逆时针方向传给 B 区队员，B 区队员再将球传给 C 区队员，依次重复，反复练习。

注意事项：在传球不利的时机，受试者要将球传出或弹出测试区外，并做快速运球的动作回到测试区内继续做传球动作，30 秒的测试时间结束；记录 30 秒之内 3 人相互间的传球次数。

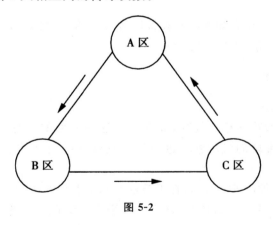

图 5-2

2. 接球技术评价

在足球运动中，接球和传球是最为基本的技术。这两项技术在比赛中最为常用，是其他运动技术的基础。因此，对于足球运动员来讲，要切实掌握和提高自己的传接球技术。

场地器材：如图 5-3 所示，在球场上画一条长度大于 5 米的白线。以白线为一边,在白线中段一侧画边长为 3 米的正方形接球区。接球区两边 1 米处各画 1 条与白线垂直的线,与接球区边线构成传球区。在白线中段的另一侧距白线中点 20 米处插 1 根高 1.5 米的标志杆,以杆为中心画半径为 1 米和 2 米的两个同心圆。准备一块秒表。

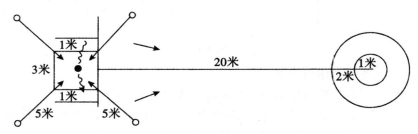

图 5-3

评价方法:受试者站在接球区内,接从接球区对角线的延长线 5 米处传来的高球(胸部以下)和低球(地滚球),然后迅速带球至传球区并踢向标志杆。打中标志杆和落点在中心圈内得 5 分,落点在外圈得 3 分,落点在圈外不得分。要求接球后分别向右、左传球区带球 1 次,用右、左脚各踢 1 球。每 4 球为 1 轮,共测 3 轮 12 个球。从第一个球进入接球区开始计时,到第 12 个球踢出时停表,限时 1 分钟。在传球区外踢球扣 1 分,记录受试者的所得总分。

注意事项:受试者如果没有在接球区接到球,需要返回重新开始;传球者要及时将球传出,不能拖泥带水。

3. 运球技术评价

(1)折线运球

折线运球的难度相对较高,经常进行这一方面的训练,能帮助运动员有效提高自己带球的灵敏性。进行这一测试主要是测试运动员折线运球速度的快慢。

场地器材:如图 5-4 所示,在平整的足球场上划两条间距为 9 米的平行线,在平行线上分设 A、B、C、D、E、F6 个点,每条线上各点之间的距离不等。

评价方法:受试者站在起点线后,球动开表计时,球员按虚线轨迹带球,在各个标志前过线后折线变向运球,在 E、F 之间的终点线之外踩住停球,停止计时。

注意事项:球不能触碰两条线上的标志;球的整体在运球折返时必须越过标志前的线;队员、球不得绕过标志。

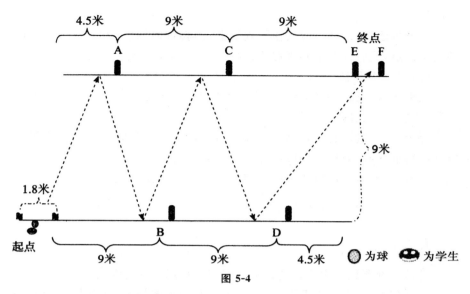

图 5-4

（2）折返运球过杆

运球绕杆测试的主要目的在于衡量足球运动员掌握运球技术的熟练程度。这一测试方式在平时的足球训练中非常常用，能有效地提升运动员的球感，对于青少年足球运动员而言要经常参加这一方面的练习。

场地器材：在球场或平整的场地上划两相距 20 米的线，两条线中间插 10 根距离不等（1～3 米）的标杆；一块秒表。

评价方法：听口令，受试者从端线起运球，从左右两侧依次过杆，往返运回到端线，人球到线时停表。测试两次，取其中最好的成绩记录（图 5-5）。

注意事项：受试者不能碰到标杆；计时要精确到 0.1 秒。

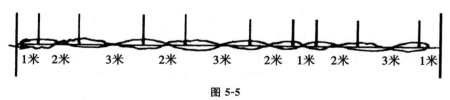

图 5-5

4. 踢定位球技术评价

（1）定位球传准

场地器材：以一面 1.5 米高、插有彩色小旗的标志杆为圆心，以 3 米和 6 米为半径分别划两个同心圆。以插有彩旗的标志杆作为传准的目标。根据运动员实际水平，两个同心圆的半径可适当地缩小或扩大。以 25 米长为半径，以插有彩旗的标志杆为圆心向任何方向划一条 25 米的长弧作传球限制线。

评价方法:受试者将球放在限制线上,用脚背内侧向圈里传球,观察球的第一落点,然后根据不同落点位置给予相应不同的分值。

(2)定位球踢准

场地器材:场地在距"足球墙"下沿中心 20 米处画一条平行于"足球墙"下沿的 3 米长的限制线。

评价方法:受试者将球放在限制线上,向足球墙踢球。受试者要尽可能地踢得准一些,要根据踢准情况进行成绩评定。

注意事项:球可以擦着地面射到墙上,但不能踢地滚球。

(二)守门员基本技术评价

1. 持球踢准

持球踢准测试的主要目的是测试守门员脚踢发球的准确性。

场地器材:如图 5-6 所示,选择一块标准的足球场地,在球场中圈里画一个直径为 5 米的圆,在两边线和中线相交的两角分别画出边长为 5 米和 8 米的两个正方形。

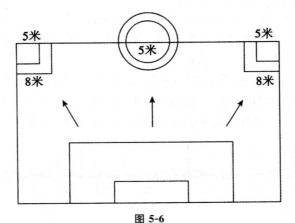

图 5-6

评价方法:守门员持球战在罚球区内,向左右中场的两正方形内各踢 3 个球,向中圈内踢 4 个球。球落点在小方形及小圆内得 3 分;球落点在小方形外大方形内、小圆外大圆内得 2 分;球落点在场内得 1 分;球落点在场外得 0 分,记录守门员踢 10 个球的总得分。

2. 防守定点射门

防守定点射门主要是用于测试和评价守门员连续防守定点射门的扑

接球的技术能力。

场地器材：在足球场上，以球门底线中点为圆心，以 16.5 米为半径画弧（图 5-7）。

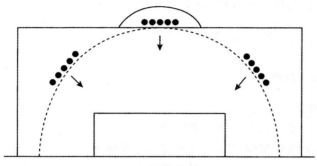

图 5-7

评价方法：在罚球弧及罚球区两角弧线后各放 5 个球，射手根据计时员每隔 3 秒所发出的口令，依次用各种力量、角度、脚法射门。守门员接到球后从左右两侧将球抛出。记录并计算守门员防守的成功率。由教练对射手射门的平均质量作出优、良、中、差评定，分别对防守成功率乘以 1、0.9、0.8、0.7，计算守门员的得分，记录防守定点射门的成功率（取整数）。

注意事项：如果射门者将球踢出界外则需要重新踢；出界球守门员手触到球也算防守成功。

3. 扑定点球并发球

扑定点球的主要目的在于评价守门员扑定点球、退守速度、手抛发球的准确性，这一项技术在比赛中非常常用。

场地器材：在标准的足球场地中，球门区内罚球区两角连线的延长线外 5 米处为圆心画直径为 2 米的两个圆；在球门区两角各放 4 个球（图 5-8）；一块秒表。

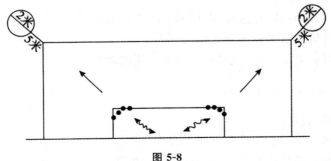

图 5-8

评价方法:守门员从球门底线中点出发计时,先向右倒地扑右角球后起立,用于发往右方圆内。倒退或侧向跑回球门底线中点,再扑左角球起立,用手发往左方圆内,直至 8 个球发完返回球门底线中点时停表。每一个球落点发到圆外加计 1 秒,记录完成的总秒数。

(三)足球运动训练综合表现评价

1. 进攻表现评价

(1)无球进攻表现
①考察运动员利用假动作摆脱对方防守的能力。
②考察运动员跑位、策动、突破等方面的能力。
③考察运动员能否为自己创造得球以及为同伴创造进攻的机会。
④考察运动员能否贯彻球队的战术意图。
(2)有球进攻表现
①考察运动员获得球权后观察力、进攻意识的表现。
②考察运动员传球的目标、方式和时机的运用是否得当。
③考察运动员带球、突破、选择进攻时机等方面的能力。
④考察运动员定点射门、配合射门、运球突破射门等方面的能力。
⑤考察运动员在传球、运球、射门等方面的应变能力。

2. 对场上队员的防守表现评价

(1)盯人防守表现
①考察运动员由攻转守的意识,以及盯人的能力。
②考察运动员比赛中封堵、抢截、补位意识与能力。
③考察运动员盯人选位及盯人方式是否恰当和合理。
④考察运动员盯人防守中是否有局部与整体防守意识。
(2)区域防守表现
①考察运动员防守选位、封堵、延缓、抢截运用是否合理。
②考察运动员区域防守意识与能力。
③考察运动员补位、协同意识及其运用的能力。

3. 守门员训练表现评价

(1)防守表现
①考察运动员能否准确判断并合理运用技术进行防守。
②考察运动员比赛中与定位球处理中的防守选位是否恰当。

③考察运动员能否快速移动对罚球区进行有效地控制。

（2）进攻表现

①考察运动员能否运用准确合理的发球技术组织进攻。

②考察运动员在获球后，能否根据实际情况发动快速反击。

4．教练员评定队员战术意识的分级标准

（1）较差：战术意识不强。

（2）一般：战术意识有待进一步提高。

（3）较好：战术运用基本合理。

（4）好：战术意识比较全面，能合理地运用战术。

（5）突出：战术运用自如，成为战术的核心。

第六章　新时代足球运动员体能发展研究

足球运动比赛持续的时间较长,常规时间为 90 分钟,在一些杯赛中,如果双方在常规时间内打平则还会进行 30 分钟的加时赛,因此如果运动员没有一个良好的体能做保障是难以完成比赛的。在新的时代背景下,运动训练理论的研究更加深入,体能训练作为其中的一项重要内容,越来越受到重视,因为体能是从事任何运动项目的重要基础。本章就重点研究与分析足球运动员的体能发展情况。

第一节　足球体能训练概述

体能训练是运动员日常训练的重要内容,作为一名合格的足球运动员必须要具备良好的耐力、速度、爆发力等素质,这些体能素质的提高都是通常长期的运动训练实现的。

一、体能的概念

体能又称身体素质,主要由身体形态、身体机能和运动素质组成。身体形态是指机体内外部的形状;身体机能是指机体各器官系统的功能;运动素质是指机体在活动时所表现出来的基本运动能力,通常包括力量素质、耐力素质、速度素质、灵敏素质和柔韧素质等几个部分。以上体能素质的构成因素中,运动素质是体能的外在表现,是体能素质的核心内容。通常情况下,运动员的体能训练一般包括一般身体训练、专项身体训练和专项能力训练三个部分。

二、足球运动员体能的概念

在国内,大多数专家及学者对足球专项体能概念的研究不是很深入,很长一段时间以来一直沿用运动学关于体能的定义,认为足球专业体能是足球运动员的基本运动能力,属于运动员竞技能力的重要组成部分。这个定义明显不够准确,不能很好地反映足球运动员在训练和比赛中的情况。后来经过一段时间的发展,通过借鉴与参考国外专家对体能素质定义的理解,我国足球专项体能的概念得到了一定的完善。狭义的足球专业体能概念为:足球运动员在比赛与训练中表现出来的适应足球比赛需要的长时间的耐力和持续高强度的间歇活动的能力。广义的足球专业体能概念为:应包括符合足球比赛训练特点的运动员的身体形态、生理机能、运动素质、心理能力等。

严格来说,足球运动员的体能训练应包含身体训练和心理训练两大部分。在身体方面,主要包括速度、耐力、力量、灵活性(柔韧、灵活)和协调性等方面的训练,其中冲刺速度、专项耐力、身体抗衡和射门力量等是足球专业体能素质。在心理方面,足球体能训练的心理构成要素主要包括运动动机和气质两个部分,要求运动员必须具备良好的意志力、自信心、注意力和冒险精神。心理素质要与身体素质获得同步发展,不可忽略。

三、足球运动员的体能结构

发展到现在,足球运动员的竞技水平有了显著的提升,足球比赛越来越激烈,这也对足球运动员的体能素质提出了更高的要求。随着足球运动训练水平的提升,足球对抗日益激烈、整体攻防转换速度也日益加快。在这样的情况下,对足球运动员的专业体能提出了更高的要求。良好的体能是足球运动员技术、战术、心理和意志品质训练的重要保证,在当今越来越受到运动队的重视。而要想促进运动员体能水平的提升,首先就要认清足球运动的体能结构,然后采取合理的训练方式和手段进行训练。

自1994年中国足球进入职业化以来,至今已有25个年头,在这一段时间里,我国职业足球经历了风风雨雨,有高潮也有低谷。在此期间,2002年中国男足曾经历史上首次成功进入韩日世界杯决赛圈,引起了国人的轰动。同时也有过假球、黑哨等现象。尽管我国足球获得了一定程度的发展,但是也应看到我们与足球强国之间的巨大差距,要努力不断地加强训练,培养高水平的足球人才。据调查,我国足球运动员与足球强国的运动员相比存在着全方位的差距,不仅表现在技术能力方面,在体能素质方面差距也较大。因此,加强运动员的体能训练至关重要。

足球运动员的体能结构主要反映了足球运动员体能系统的内部关系。一定的结构具有一定的功能,而运动员的机能状态也会对结构产生相应的影响,两者相互影响、相互制约。运动素质是指足球运动员机体在训练和比赛中所表现出的各种能力,如力量、速度、耐力、灵活性和协调性等,这些都是足球运动员的基本素质,其水平直接反映了足球运动员的整体运动机能。这几项运动素质对运动员的形态结构和机能具有重要的影响。在体能的四个构成因素之中,运动素质与身体形态是体能的外部表现,生理机能是体能的内在基础,心理能力则是上述三个指标的衍生体。运动员的心理能力对足球运动员的体能具有重要的影响作用。很多运动训练方面的专家都认为心理能力也属于运动员体能的组成成分之一。运动员的体能素质与心理水平是密切联系在一起的。

大量的理论与实践证明,足球运动员在长时间的比赛中,需要具有克服肌体阻力的意志力,也就是说必须要具有顽强的意志品质和出色的心理能力。因为,运动员在比赛中的心理始终处于适宜的唤醒水平,在比赛中能保持良好的机能状态,甚至超常发挥。而心理能力较差的运动员,一般情况下不是处于抑制状态就是处于过度亢进状态,不利于运动水平的发挥。因此,必须要加强运动员各种运动素质,尤其是体能素质与心理能力方面的训练。

运动员体能素质的来源主要有先天遗传和后天训练两种途径。一般来说,遗传主要决定了运动员的有氧能力、无氧耐力、力量和速度水平。在选材时要结合运动员的遗传特征进行选择,因为这些先天遗传特征为运动员的体能水平发展提供了重要的基础,能为运动员将来的发展提供重要的保证。

大量的研究与实践表明,力量训练可能使肌肉的体积增大、肌横断面积增加,可以有效改善神经系统募集运动单位的机能能力,改善对抗肌之间的相互协调关系,显著增加肌肉收缩的力量。在速度练习中研究人员发现,通过提高运动员肌肉放松能力可以明显提高运动员的速度。对无氧阈和最大摄氧量的研究也发现,最大摄氧量受遗传因素影响较大,而无氧阈值则受训练的影响较大。无氧阈值每增加1毫升,10 000米跑的成绩就可以提高200米。因此,在进行体能训练时,首先要考虑运动员的遗传水平,然后再根据具体实际确定合理的体能训练目标,制定切实可行的体能训练计划(图6-1)。

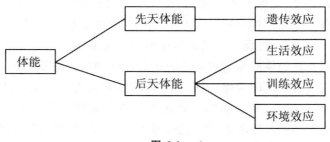

图6-1

通常情况下,运动时的能量供应主要有有氧供能和无氧供能两种方式。两种供能方式并不是绝对的，当机体进行有氧供能为主要供能方式的运动时，必然有无氧供能方式的存在，而无氧供能中也有有氧供能的存在。运动时人体以何种方式供能，取决于需氧量与摄氧量之间的关系，当摄氧量能满足氧需量时，机体以有氧代谢供能；当摄氧不能满足需氧量时，其不足部分依靠无氧供能。运动时的需氧量取决于运动强度，强度越大，需氧量越大，无氧代谢供能的比例也就越大。根据比赛和训练的强度由小到大的变化，运动员的体能供能应分为低强度有氧供能、高强度有氧供能、有氧供能为主导的混合供能、以无氧供能为主导的混合供能、无氧非乳酸供能、无氧乳酸供能（图 6-2）。

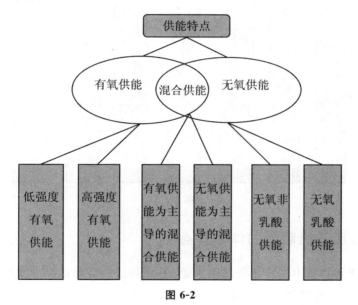

图 6-2

另外，运动员的体能又可分为训练体能与比赛体能：训练体能主要是指运动员在训练中所表现出来的力量、速度、耐力等素质以及身体承受能力和心理能力等；而比赛体能则是指运动员在比赛中的长时间的跑动能力、技战术完成能力、高度的注意力以及顽强的意志品质等心理能力。

训练体能与比赛体能之间有着极为密切的联系，同时又有着较大的区别。训练体能是比赛体能的重要前提和基础，可以说如果没有良好的训练体能，就很难获得良好的比赛体能。但是，比赛体能又不是偶尔获得的，要通过大量的运动训练才能获得，是建立在平时的训练体能基础之上的。因此二者相互联系、相互促进。

人体体能素质主要包括一般体能和专项体能两个方面。其中，一般体能主要是指运动员的基本健康状况与体能水平；而专项体能则是指符合足球竞技运动特点的体能因素,其表现形式如图 6-3 所示。现代足球运动的高度发展,对运动员的专项体能提出了更高的要求。因此如何在短时间内提高运动员的专项体能水平就成为一个重要的研究课题。

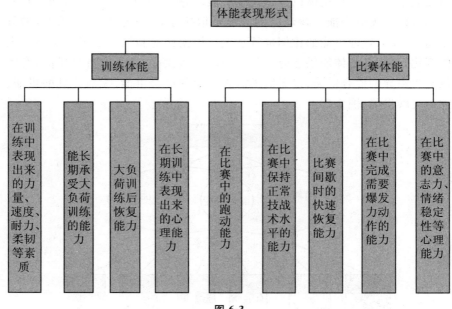

图 6-3

四、足球运动员的体能特点

足球运动员不仅要具备基础体能,还要具备与足球运动有关的专项体能,这样才能更好地参加训练和比赛。通过研究足球运动员的专项体能训练,可以总结出足球运动员体能具有以下几个特点。

(一)体能的特异性

与一般的运动项目不同,足球专项体能表现出明显的"间歇性"特征,因为足球比赛中运动员基本上是进行耐力跑和冲刺跑,因此间歇性特征明显。所以在安排体能训练时,要通过特有的手段和方法来提高运动员的体能水平。运动员体能训练的生物学机制在于适应过程的专项特异性。适应性反应的专项特异性不仅表现于身体素质和自主神经系统能力的发挥方面,而且表现于心理因素的发挥方面,特别是在完成紧张肌肉活动,又必须用意志来加强工作能力这一方面。除此之外,足球运动员还必须要发展和提高自身的有氧耐力和无氧耐力,这也是顺利完成比赛的重要基础。有氧耐力和无氧耐力可以说是运动员专项体能系统的主要内容,二者的发展和提高要协调配合获得同步发展,否则就会影响运动员的竞技状态。

（二）体能的时间局限性

根据运动训练相关理论,运动员最佳体能水平只能保持一定的时间,这意味着运动员的体能具有一定的时间局限性特征。一般来说,在足球专项体能训练中存在着两种适应性反应：一种是急性但不稳定的；另一种是长久的相对稳定的。通过短时间的体能训练,运动员机体能产生一定的急性适应性,但需要注意的是,通过专项强化训练所获得的体能有极大的不稳定性。这是因为这种适应性反应是通过高强度的专项负荷产生的,是以超量恢复为其表现特征的,并不建立在各种器官、系统的肥大、变异的基础上,即生物学的形态改造上,这就导致体能存在着一定的时间局限性。除此之外,运动员的体能局限性还表现在,任何人的体能水平不可能固定不变,总是会发生一定的变化。即使在某一段时期体能水平相对稳定,但随着足球运动目标及任务的改变,运动员的体能也会随之变化,从而呈现出局限性特点。足球运动员某一段时期的体能水平难以贯穿比赛的始终。

（三）体能的不均衡性

在足球运动训练中,运动员体能的不均衡性是指各种体能素质不可能均衡发展,总有相对较强或相对较弱的方面,并且各个运动素质在不同训练时期也有不同的变化。总地来看,足球运动员体能训练的不均衡性主要体现在以下两个方面。

一方面,运动员的任何肌肉活动都是依靠有机体的能量供应系统保证的。每个供能系统的发展并不是一致的,在训练过程中总会出现一定的波动。

另一方面,运动队中的每一名成员都有自己的生物节律及体能变化周期,训练计划的制定主要是着眼于运动队宏观层面,在全队进入较佳竞技状态期时,必然会存在某些运动员不在最佳体能的情况,这都是不可避免的。

（四）体能的综合性

综合性也是足球运动员体能的一个重要特性,这主要表现在以下两个方面。

一方面,足球运动员在比赛训练中体能外在表现是多因素综合作用的结果,如运动员保持长时间活动的能力不但与运动员的有氧耐力有关,还与运动员的意志力等有着密不可分的关系。因此不能只强调单方面的因素,要综合起来进行分析。

另一方面,影响足球运动员的体能水平的因素有很多,如恢复手段、训练方法、运动心理等都是非常重要的方面,运动员在参加体能训练的过程中要引起重视。

总之,足球运动员的体能呈现出鲜明的综合性特点,在训练的过程中要从各方面综合考虑,要详细分析各方面出现问题的原因,从整体上入手加以解决。

(五)体能的应激性

一般情况下,内外环境的变化时常会引起运动员体能发生各种变化。如一些球队在逆境中往往会表现出超常的体能,而有些球队在逆境中则发挥不出正常的体能水平。"大脑里个性品质的部位在最年轻、最复杂和最敏感的那一侧。这个部位对调节程序的区别率非常高。它与许多对疾病敏感的因素结合在一起。由于不同的应激局势以及通过大强度的足球训练和比赛可获得很高的运动能力,例如,来自应激激素像促肾上腺皮质素儿茶酚胺或神经肽的能力。"在许多情况下,体能表现出强烈的应激性,如受到外界的鼓舞、求胜的愿望、胜利的喜悦等。运动员比赛和训练中的情绪变化也会对运动员的体能产生积极或消极的影响。运动员处在适宜的兴奋状态时机能能承受较大的比赛和训练负荷,而在紧张和情绪低落时则易感到疲劳。

(六)体能的实用性

足球运动属于同场对抗性项目。比赛中双方队员始终是在制约与反制约之间进行面对面的较量。这种对抗性体现在身体的直接接触、攻守技战术的制约、心理和智力的对抗,要求运动员能在对抗的过程中,保持"力"的运用恰当、头脑清晰、动作合理,有效地制约对方。因此,谁掌握了这个特性,谁就在比赛中掌握主动。

第二节　足球运动员体能发展要点

一、足球运动员体能训练目标

训练目标的建立可以激励教练员和运动员在训练中为实现预定的目

的而努力提高竞技水平。全年训练活动是为实现终极目标状态而服务的，因此，训练活动的参与者必须要明确训练过程的目标状态。

训练目标是一个多层次的有序系统。一个完整的训练目标不应该仅仅限于期望获得的名次或是可测量的某一个比赛结果，而应该描绘出完整的目标状态。这一描绘应该包括三个层次，即运动成绩指标、竞技能力指标和阶段序列指标。运动成绩指标包括运动员在比赛中所表现的竞技水平和比赛名次两个方面；竞技能力指标是决定运动成绩的最重要的因素，它可分解为反映运动员各种能力特征而又彼此紧密联系的一组具体指标；阶段序列指标是训练过程中各个阶段相应的训练目标的组合。

足球运动员体能训练的目标是一个有序的系统（图6-4）。运动成绩指标是指运动员在比赛中表现出来的体能水平。竞技能力指标是与运动员技战术指标紧密联系在一起的。阶段序列目标则是指每个训练阶段应达到的目标的组合。国家队的体能训练目标是使运动员在比赛中表现出充沛的体能、为运动员比赛中技战术的完成提供体能上的保证。绝大多数教练员对体能训练的运动成绩目标和竞技能力目标可能没有异议，而对国家队集训时运动员体能训练阶段序列指标缺乏清楚的认识，即在国家队训练阶段运动员体能水平是否能得到提高，或者提高到什么水平。

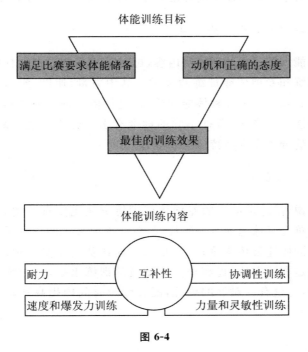

图 6-4

因此,根据以上理论可以推断,足球运动员的阶段性训练目标主要应该是"调",即通过训练负荷的变化调控运动员的体能状态。进入国家队的运动员基本都已经过了身体素质发展的敏感期,由于年龄和遗传的原因,不可能在体能方面有着质的突破,只能通过科学的训练在一定"度"上提高运动员的体能水平。

因此,足球运动员的体能训练要建立在一定的训练目标之上,没有一个合理的切实可行的训练目标是难以获得理想的训练效果的。通过长期的体能训练,运动员身体能够受到一定的刺激,通过信息反馈系统能收集到运动员的各种训练信息,从而充分了解运动员的训练应激状况,并根据实际情况及时合理地调整训练计划,进而促进训练水平的提升。

二、足球运动员体能训练的方法

运动员要想提升自己的体能水平,选择合理的训练方法是至关重要的。体能训练方法是运动员提高竞技运动水平、完成训练任务的途径和办法。体能训练方法是教练员长期进行训练工作、完成训练任务、提高运动员体能水平的应用工具,是在长期的训练的经验总结。正确认识和掌握体能训练方法对于提高运动员的体能水平具有重要的意义和作用。

(一)体能训练方法的分类

根据体能训练动作的形式与内容,可以将足球运动员的体能训练分为一般体能训练和专项体能训练两大类。其中力量、速度、耐力、柔韧、灵敏是运动员所必须具备的几种体能素质,在进行体能训练的过程中要尤为重视。关于体能训练方法,依据不同的标准有多种分类方法。总地来说,体能训练方法的分类及训练特点见表6-1。

1. 专项训练方法

一般来说,足球运动员的专项体能训练方法主要有两类:一是训练内容和形式要符合足球运动专项的特点,在训练中采用的各种手段要有利于提高运动员的体能整体水平;二是根据足球比赛的需要与运动员特点,有针对性对制定训练方法,提高全体运动员的训练水平,这种练习符合足球比赛的形式,通过有针对性的训练,能在较短时间内提高运动员的各项体能水平。

表 6-1　体能训练方法的分类及其训练特点

训练方法分类	专项特点(类似＋,区别－)	
	按专项动作的形式	按专项素质特点
1. 专项训练方法		
1.1 模拟实际比赛的练习	＋＋	＋＋
1.2 局部和反复模拟比赛的练习	＋	＋
2. 辅助专项训练方法		
2.1 符合运动专项的素质训练	＋－	＋
2.2 有专项有关的素质训练	＋	
3. 一般训练方法		
3.1 接近专项的一般训练方法	＋－	－＋
3.2 与专项无关的身体素质训练	－	－

2. 辅助专项训练方法

辅助专项练习主要是指针对足球比赛所需要的素质所采用的训练方法。辅助专项训练的形式主要有两种:一种是符合运动专项的各种素质训练,另一种是与专项有关的素质训练。

3. 一般训练方法

一般训练是运动员日常训练中必不可少的内容,其目的在于保证运动员身体健康,使其有一个良好的的身体机能。在足球运动训练中,为提高训练的趣味性,可以参考和借鉴其他对抗性球类的练习方法,如网上足球、排球等相关训练手段,以补偿足球体能训练专项化的单调性,激发运动员的训练热情。总地来说,足球运动中的一般身体训练的作用主要体现在以下几个方面。

第一,为运动员技能的发挥奠定体能基础。运动员技术能力的发挥是建立在一定的体能基础之上的,没有一个良好的体能做保障,技术也就无从发挥。一般体能训练能在一定程度上促进和完善运动员的技能水平。

第二,通过一般体能训练能有效促进运动员专项素质的发展。如果运动员在足球训练中得不到一定的强化,各项身体素质就有可能退化或发展不良,因此通过一般训练能在一定程度上发展运动员的非专项素质。

第三,通过一般体能训练,能有效促进运动员在大运动负荷后的体能恢复,尤其是运动员在高强度的比赛后,通过合理的有针对性的一般性训练能很好地调节运动员的精神状态,维持良好的竞技运动水平,从而有利于接下来的训练和比赛。

(二)训练过程中的负荷

运动员的训练一般都比较系统,在长期的系统性训练后,运动员机体机能会发生一定的变化,教练员要根据运动员的各种变化合理地调整运动负荷。运动负荷的制定与评价都要合理和科学,要能有利于运动员接下来的训练和比赛。通常来说,运动员的运动负荷评价指标见表6-2。

表6-2 负荷强度和负荷量的评价指标

指标特征	单个练习负荷评定		训练课和训练周期负荷的评定		备注
	负荷量指标	负荷强度指标	负荷量指标	负荷强度指标	
1. 负荷的外部一般指标					
1.1 绝对值	A. 练习的持续时间 B. 练习的重复次数	动作速率(练习中动作与完成练习时间之比)	训练课或训练周期中总的练习时间	训练课占中各项练习的时间之和与课总时间的比值	
1.2 相对值	练习的持续时间和重复次数与可能的持续时间与重复次数的比值	动作速率与最大可能的速率之比	实际训练时间与训练总时间之比	训练周期中训练课的次数与周期包括的天数之比	可能的持续时间和重复次数取训练中最好值
2. 负荷外部的局部指标					
整体战术和个人对抗练习	进攻、防守和技术动作和战术配合的数量	练习中技战术数量与比赛中数量之比	课和训练周期中完成的技战术训练次数	训练课和训练周期中技战术训练与比赛中次数比值	
3. 部分评价训练负荷的生理指标					
	A. "脉搏价":运动员练习心率与安静心率之比 B. "能耗价":练习中能量消耗	A. 脉搏强度:脉搏价与它持续时间之比 B. 供能强度:能耗价与持续时间之比	A. 训练课和训练周期中总的脉搏价 B. 训练课和训练周期中总的能耗价	A. 训练课和训练周期总的脉搏强度 B. 训练课和训练周期总的供能强度	通过遥测心率记录运动员整个训练过程的心率变化

（三）常用的体能训练方法

1. 分解训练法

分解训练法是指将完整的技术动作或战术配合过程合理地分成若干环节或部分，然后按环节或部分分别进行训练的方法。这一训练方法常用于运动员的技能训练中，但在体能训练中也可以采用。如在体能训练中，可以把足球运动员的体能分解成各个部分，然后进行有针对性的训练，或者提高运动员的有氧耐力，或者提高运动员的爆发力等。

2. 综合训练法

综合训练法是指将技术训练、战术训练和体能训练结合起来的体能训练形式。运动员的体能并不是孤立进行的，需要与技战术等技能结合起来共同发展。在足球运动训练中，综合训练法其中一个非常重要的形式就是将速度训练、柔韧灵敏训练、耐力训练等有机地结合起来。这样不仅能帮助运动员掌握技术和战术，还能在技战术训练中达到体能训练的目的。

3. 重复训练法

重复训练法是指重复同一练习，两次（组）练习之间安排相对充分的间歇时间的练习方法。构成重复训练法的主要因素有：单次（组）练习的负荷量、负荷强度及每两次（组）练习之间的休息时间。

一般来说，重复训练法主要分为短时间重复训练法、中时间重复训练法和长时间重复方法三种类型。在足球体能训练中，要将这三种方法结合起来使用，针对运动员的身心特点和具体体能情况合理选择训练方法。

4. 间歇训练法

间歇训练法是指对多次练习时间间歇做出严格的规定，使机体处于不完全恢复状态下，反复进行练习的训练方法。

间歇训练法主要有三种，即高强性间歇训练法、强化性间歇训练法和发展性间歇训练法。在足球运动员体能训练中，要根据运动员的体能情况做出合理的选择。

5. 持续训练法

持续训练法是指负荷强度较低、负荷时间较长、无间断地连续进行练习的训练方法。持续训练的作用主要是发展运动员的一般耐力素质，而足球比赛持续的时间较长,对运动员的耐力素质要求较高,因此足球运动员的体能训练就较常采用这一训练方法。

一般来说,持续训练法主要分为短时间持续训练法、中时间持续训练法和长时间持续训练法三种类型。短时间持续训练法广泛应用于运动员的各种素质训练中,尤其是速度和速度耐力训练中;中时间持续训练方法适用于有氧无氧混合耐力训练中;长时间持续训练法在足球运动员的体能训练中最为常用,能有效提高运动员的足球耐力水平。

6. 变换训练法

变换训练法是指变换运动负荷、练习内容、练习形式以及条件,以提高运动员积极性和应变能力的训练方法。变换训练法主要有负荷变换训练法、内容变换训练法和形式变换训练法三种。在足球体能训练中,这三种方法各有用途,应结合运动员的具体情况合理采用,通过这一训练方法能很好地提升足球运动员的耐力水平,同时还有利于运动员的体能恢复。

7. 循环训练法

循环训练法是指根据训练的具体任务,按练习手段设置为若干个练习站,运动员按照既定的顺序和路线,依次完成每站练习任务的训练方法。循环训练法的结构因素有:每站的练习内容、每站的运动负荷、练习站的安排顺序、练习站之间的间歇、每一循环之间的间歇、练习的站数与循环练习的组数。

一般来说,循环训练法主要分为循环重复训练法、循环间歇训练法、循环持续训练法等几种。循环重复训练法可以用于提高运动员的磷酸盐系统的贮备和供能能力,对于提高足球运动员的瞬间爆发力具有重要的作用;循环间歇训练法能有效地提高运动员的有氧代谢系统混合供能能力,保证足球运动员获得良好的速度耐力;循环持续训练法则能有效增强运动员的身体对抗能力,同时还能提高运动员比赛中的攻防转换能力。因此循环训练法在足球体能训练中较为常用。

8. 比赛训练法

比赛训练法是指在近似、模拟或真实、严格的比赛条件下,按比赛的规则和方式进行训练的方法。通常情况下,足球运动员平时的训练非常枯燥,长此以往,运动员训练的积极性就会受到一定程度的影响,而采用比赛训练法,将训练与实战比赛相结合,就能有效激发运动员的训练激情,提高训练水平。

三、足球运动员体能训练计划的制定

（一）全年体能训练计划的依据和阶段划分

在制定全年体能训练计划时，应依据运动员的具体实际并遵循超负荷训练的基本原则。运动员要想达到适宜的体能水平，必须要坚持大强度的身体训练，使身体产生超量负荷，这样才有可能获得超量恢复，实现理想的训练效果。在制定训练计划的过程中，要十分重视训练频率、训练强度和训练持续时间这三个方面。

训练频率指每天、每周、每月和每年体能训练课数量。大量的研究表明，足球运动员每周至少进行三次体能训练，才能确保体能水平的提高。

训练强度是指在单个或一系列训练课中身体的负荷量。在确定训练强度时，还要充分考虑运动员的身体承受能力及具体实际情况，切忌盲目进行。运动员需要提升哪一方面的身体素质，还要依据其身体持续承受超负荷时间长短而定。如果在体能训练中，运动员未接受大强度负荷训练，就不可能使体能水平得到提高，只有运动员接受高于原有负荷强度的刺激，体能水平才能提高。另外，运动员要严格按照训练计划循序渐进、按部就班地进行训练。

运动员的体能并不是一成不变的，在各个阶段都有不同的变化。因此在安排训练强度时，还要根据体能的变化而定。在大强度训练的初期，机体一般需要经过一段时间才能适应。对比练习前后心率来判定训练强度和机体适应能力是最简单有效的方法。不仅如此，填写训练日记在训练中记录心率、跑动距离和强度对判定训练强度也非常有益。在这样的情况下，运动员能清晰地看到自己适合哪种训练方案或计划，从而更好地投入到训练之中。

除此之外，足球运动员体能训练计划的制定还必须要围绕全年比赛进行。要综合考虑运动员各方面因素确定合理的训练规划。对于职业足球队的运动员来讲，影响体能训练计划制定的因素主要有：赛季开始和结束时间；联赛中的主要对手；杯赛比赛日期；休息和节假日期；技术（技巧）和战术发展阶段；身体素质发展阶段等。教练员在制定训练计划时要全盘考虑。

一般来说，全年训练计划主要分为三个周期：非赛季期、赛季前期、比赛期。

非赛季期：理想的情况是，运动员在该阶段充分利用休整期采用积极的手段,恢复上赛季身体和心理所承受的压力。许多球员在赛季结束后不注意身体的积极性恢复,这样就容易导致运动伤病。因此,运动员一定要注意训练或比赛后的身体恢复。

赛季前期:这一阶段训练的主要目标在于让运动员的体能达到比赛要求。通常情况下,为应对各种可能,体能训练应尽可能从最艰苦的情况出发,提高体能训练的标准,让运动员做好充分的生理与心理准备。

比赛期:在这一时期,绝大多数运动员都不会主动进行体能训练。教练员可以采用技战术训练与体能训练相结合的方法,保证球队整体技战术水平提高的同时,维持和促进运动员的体能水平。

以上每一周期的训练又分别包括两个训练阶段。

(1)非赛季期。

第一阶段:短时间休息和恢复,为期2周。

第二阶段:积极性恢复,为期2~4周。

(2)赛季前期。

第三阶段:一般准备阶段,为期4周。

第四阶段:专门准备期,为期4周。

(3)比赛期。

第五阶段:赛前阶段,为期2周。

第六阶段:比赛期,为期30周。

(二)各阶段体能训练目标的确定

在运动员体能训练的各阶段,都有一定的训练目标,确定各阶段训练目标时要针对运动员的具体实际和运动队情况而定。

第一阶段:主要目标为缓解比赛造成的身体和心理压力。

第二阶段:主要目标为保持有氧身体活动;侧重于运动员力量、爆发力和柔韧性等素质的训练;做好自我监督。

第三阶段:促进身体的积极性恢复;鼓励球员观察练习结果,并加强训练效果。

第四阶段:主要目标为使运动员体能达到比赛要求,侧重于无氧/速度练习;检查和评估运动员的训练效果。

第五阶段:主要目标为促使运动员进入最佳竞技状态;客观评估运动员体能水平,维持良好的竞技状态;检验运动员的体能和技战术水平。

第六阶段:主要目标为保持运动员各身体素质水平,将其带到正式比赛中。

以上运动员的体能训练中,各个训练阶段的一般体能和专项体能训练的比例要依据运动员的特点和具体实际及时的调整,以适应训练和比赛的需要。

(三)准备期的体能训练

全年训练计划可以说是一系列训练计划中最重要的一个计划。这一计划可以划分为准备期、竞赛期、过渡期三个时期。一般来说,运动员准备期的主要目标是促进运动员竞技状态的形成;竞赛期的主要目标是保持运动员良好的竞技状态;过渡期的主要目标是恢复运动员的身心疲劳,为接下来的训练和比赛做好充足的准备。大量的实践表明,一个合理的年度训练计划能帮助运动员达到最佳竞技状态,并维持尽量长的时间。全年训练计划的阶段划分见表 6-3。

表 6-3　赛季阶段划分

准备期		比赛期		间歇期
欧洲联赛 7～8 月		9 月～次年 5 月		次年 6 月
中超联赛(05)1～3 月		4 月 2 日～11 月 5 日		11 月 6 日～12 月
中超联赛(06)1～2 月		3 月 11 日～10 月 30 日		11 月至下赛季开始
准备阶段	提高阶段	特殊训练	比赛训练	恢复训练
一般的基础训练,尤其是耐力训练	利用足球的特殊方法有重点地加强身体素质	技战术训练	针对比赛,合理运用技战术能力,进一步完善技战术能力	恢复身体及心理的疲劳

足球比赛对抗非常激烈,如果没有高水平的体能做保障,技战术就难以得到有效的发挥。因此,体能训练是训练计划中重要的一部分。运动员一定要按照事先制定的训练方案进行训练。

尽管技战术在足球运动中的地位是最为重要的,但如果要想取得比赛胜利,没有良好的体能也是不行的。在足球比赛中,当两支球队在心理、战术、技术和身体四个主要因素具有相同或相近的水平时,体能水平就成为重要的决定因素。当球队在技战术方面有缺陷时,教练员应首先把精力集中在运动员技术和战术的提高,而不是体能上;而对一个技战术打法已经较成熟的球队,要重点抓体能训练。

准备期的体能训练计划要充分考虑赛季前、赛季中和赛季间歇期三个部分。其中,赛季前主要包括一个赛季的最后一场比赛之后到下一个赛季第一场比赛之前的这段时间。赛季前又可以分为休整期和准备期,休整期从前一赛季的最后一场比赛后到重新开始集体训练之前,准备期从集训开始到新赛季的第一场比赛之前。这些阶段的持续时间根据各个国家联赛赛制的不同而有所不同。在某些国家,休整期大约为 8 个星期,准备期为 5~8 个星期;而在另外一些国家,赛季前的总时间为 4~6 个月,休整期就有 2~3 个月的时间(图 6-5)。

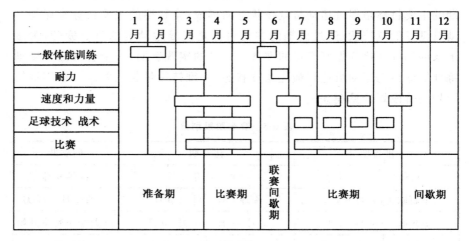

图 6-5

一般情况下,在休整期主要是进行心理的恢复,很少涉及身体训练。而在准备期的第一个月,则主要进行体能训练,采用的手段是长距离跑和肌肉耐力训练。在准备期刚开始的训练中,强度通常很大,因为教练员希望球员在赛季开始时达到最佳状态。这也解释了为何在此阶段,运动员受伤频率非常高。

除此之外,足球运动员还可以通过一个较短准备期(5~8 周)的训练,在赛季开始时达到较高的体能水平。如果运动员在准备期开始时就拥有较高的体能水平,教练员可以考虑在俱乐部集训开始时把时间用在提高其他能力上,如技术能力。在从个体训练向俱乐部集体训练逐渐过渡的过程中,肌肉就会逐渐适应高强度的训练负荷。这样就能有效避免运动员训练后的肌肉酸痛现象,并且还能激发运动员参与训练的热情,从而有效提高训练水平。

在赛季前的准备期间,体能训练的搭配方式可以采用以下几种:第一,间歇期进行恢复训练,有充足的准备期;第二,间歇期内没有安排恢复训练且准备期较短;第三,在间歇期内没有安排训练且准备期较长。结果表明:在间歇期内进行恢复训练,运动员可以在相对短的准备期内达到体能的高峰。在间歇期内没有进行恢复性训练,在较长的准备期训练之后,运动员在赛季开始前也可以达到较高的体能水平。但是间歇期不进行恢复性训练,而且准备期较短,运动员在赛季开始时就不能获得足够的体能水平,这样不利于运动水平的发挥,难以取得理想的比赛成绩。

综上所述,运动员在恢复期内进行训练主要是进行低强度的有氧训练,主要目的是获得良好的身体基础。在恢复期内,定时地安排一些强对抗的比赛很重要。除了比赛之外,还应该经常进行高强度有氧训练和速度训练,对优秀运动员来说还应该进行一些速度耐力训练。

在准备期,由于经过了一年的大负荷比赛和训练,运动员身心俱惫,需要利用这段时间消除生理上和心理上的疲劳,为下个赛季的训练和比赛做好准备。在国内联赛前的国家队集训中,如果国家队没有重要的比赛任务,那么体能训练首要目标应是恢复。在体能训练中,教练员不应安排较大的训练负荷,要注意监控运动员体能的恢复程度,尤其应重视运动员心理疲劳的恢复状况。教练员可以参考上述国外先进的训练方法,控制训练时间,以有氧低强度的身体训练为主,逐渐提高负荷量和负荷强度,使运动员在联赛开始前达到良好的体能状态。如果在此期间国家队有比赛任务,集训期应与比赛期紧密衔接。体能训练的目标应双方兼顾,注意延长运动员在联赛中的良好体能状态。

除此之外,教练员在组织运动员进行体能训练时,要严格控制训练的量,采用合适的运动负荷,防止出现过度训练。在训练后要给予运动员充分的休息时间,以便体能得到尽快的恢复。

(四)比赛期的体能训练

在比赛期间,运动员应该尽量保持在恢复期获得的体能水平。研究表明,在比赛中比赛水平与高速跑的数量有一定的相关关系,因此运动员必须建立和拥有反复进行高强度跑的能力。这种能力可以通过高强度的有氧训练和无氧训练得到提高。在高水平职业队的训练中,通常利用训练监控手段了解运动员的训练状况。另外,在安排运动员的体能训练时,训练强度要远远低于比赛中的强度。

表6-4是职业球队赛季中每周训练的训练频率和强度表。该计划是一支职业球队每周训练4次的训练模式。一支每周训练2次的球队可以按照星期二和星期四的强度来安排。作为一支优秀职业俱乐部来说,自然应该包括星期三的训练课。在赛季中应该优先考虑高强度的有氧训练,高水平运动员还应有规律地进行速度和耐力训练,以适应高强度的比赛要求。

表6-4　职业球队赛季中每周训练的频率和强度

时间段 星期	0～15	15～30	30～45	45～60	60～75	75～90	分钟
周一	热身	3	3	3	恢复		
周二	热身	3	5	3	4	3	恢复
周四	热身	5	2	4	4	3	恢复
周六	热身	2	3	2	恢复		
周日	比赛						

注：训练强度由数字（1～5）来表示。数字越高表明强度越大。1＝非常低的强度；2＝低强度；3＝中等强度；4＝高强度；5＝非常高的强度

综上所述，在足球比赛期间，体能训练计划的制定主要取决于运动员的比赛能力和竞技状态。对于处于休整期每周训练两次的运动员来说，体能训练主要应集中于有氧训练以及无氧的速度训练上。经常训练的运动员应注重高强度的有氧训练和无氧的速度耐力训练。对于优秀足球运动员来说，体能训练还应包括专项肌肉力量训练、速度耐力训练等。对联赛比赛期参加集训的运动员，教练员还有针对性地发展和提高他们的一般耐力和专项耐力水平，以维持运动员良好的身体状态。

第三节　足球运动员体能恢复和提高的营养学手段

有资料显示，对国内外大量不同运动项目的运动员的膳食营养调查发现，营养失衡主要涉及六个方面。不合理的膳食使运动员的机体代谢处于紊乱状态，使训练难以达到预期的效果，疲劳难以消除。

一、碳水化合物（糖）摄入

碳水化合物又称为糖，是人体所必需的能量。我们在平时摄取的糖主要来自主食，如米、面、土豆、白薯等。按照合理膳食的要求，一天的食物中碳水化合物所提供的能量应占总能量摄入的50％～60％，足球运动员最好能够达到60％，其次是脂肪供能、蛋白质供能。

因此，对于足球运动员而言，应多吃主食，因为主食中高含量的碳水化合物是运动员训练和比赛时的最佳能源。碳水化合物供能非常迅速，在以碳水化合物为燃料时，需要的氧气少，消耗同样量的氧，以碳水化合物为燃料比用脂肪为燃料产热量高4％～5％。足球对抗强度较大，因此非常需要

有针对性地进行补充碳水化合物。

　　碳水化合物在无氧的条件下仍然可以通过糖酵解提供能量 ATP，这是足球训练和比赛中反复冲刺跑、做各种变向动作所必需的，也是脂肪和蛋白质供能所做不到的。碳水化合物燃烧的最终产物是二氧化碳和水，不会增加体液酸度，可减缓运动疲劳的发生，对于避免运动损伤具有重要的作用。

二、不要摄入过多的脂肪和蛋白质

　　运动员在进行体能训练期间，要做到合理膳食。合理膳食中脂肪和蛋白质的供给能量应占据总热能的 $25\%\sim30\%$ 和 $12\%\sim15\%$。过高的脂肪和蛋白质摄入对运动能力有害无益，主要原因在于过剩的脂肪和蛋白质造成热能过剩，增加体重。蛋白质和脂肪代谢加重肝的负担，并产生酸性代谢产物，使体液酸化，从而导致运动疲劳的过早发生。而过多的膳食脂肪能使肠道内铁和蛋白质的吸收降低。过多的蛋白质摄入造成钙丢失和脱水，引起小腿抽筋。

三、要摄入一定量的维生素

　　无论是在平时的生活中，还是运动训练中，人体摄入的碳水化合物、脂肪和蛋白质要变成热能必须要有 B 族维生素参加。在碳水化合物摄入严重不足的情况下，B 族维生素的缺乏将使运动员在足球运动中能量供应严重缺乏。

四、重视运动中水的补充

　　水是生命之源，占人体重量的 $65\%\sim70\%$，它在体温调节，氧、二氧化碳、营养物质和代谢废物的运输及各种代谢过程中起着不可缺少的作用。球员运动中丢失的水分若得不到及时补充，将导致血容量下降，从而增加心脏的负担，使心率过度升高。运动中失水达体重的 $2\%\sim3\%$（90 分钟的训练课出汗量），即可使运动能力下降。一般情况下，一次足球训练课下来，冬天的出汗量为 $0.75\sim1$ 千克，夏天的出汗量为 1.2 千克。

　　运动员参加大强度的足球训练和比赛，最好要补充运动饮料，不要补充白水和果汁。饮白水会造成血液稀释，排汗量剧增，进一步加重脱水；而果汁中过高的糖浓度使果汁由胃排空的时间延长，造成运动中胃部不适。运动饮料中特殊设计的无机盐和糖的浓度将避免这些不良反应，有利于运动员顺利地参加运动训练或比赛。

五、钙摄入不足

据调查发现,我国有很多的运动员钙摄入不足,这与我国运动员不重视牛奶和奶制品的补充和所食用的奶制品质量不高有着非常密切的关系。钙摄入的不足对人体肌肉的收缩和神经肌肉的正常兴奋是十分不利的。因此,作为一名足球运动员在平时的训练和生活中还要十分注重钙的摄入。

第四节　我国优秀足球运动员体能训练综述

一、我国优秀男子足球运动员体能训练综述

(1)与国外足球运动员相比,我国足球运动员的体能素质相对较差,但通过多年来的发展以及各种训练手段与方法的利用,运动员的有氧能力、无氧能力、无氧阈和血乳酸等指标得到了明显的提高,运动员的速度耐力、力量素质等都得到了提升,这对于足球运动水平的提高具有重要的意义。

(2)据调查,我国足球运动员的最大吸氧量水平与有氧能力与以往相比有了明显的提升。这一指标不再是我国足球运动技术水平发展与提高的主要障碍。

(3)据调查与分析,我国优秀运动员在乳酸堆积后的往返跑能力与世界优秀足球运动员之间存在着较大的差距,还需要在今后加强这方面的训练。

(4)我国足球运动员的技战术水平与国外高水平运动员之间存在着较大的差距,基于这方面的原因,他们在比赛中消耗的体能会更大。我们在观看中国足球超级联赛时经常看到很多运动员在比赛的后半阶段出现抽筋的现象:一方面是因为我国足球运动员的体能素质较差,另一方面是我国足球运动员的技战术没有与体能获得同步发展。

(5)在足球运动中,运动员的有球能力非常重要,但也不能忽略了无球跑动能力,另外比赛对抗中的静止用力、原地转身摆脱、起跳等动作都需要非常强的力量素质。在这一方面,我国足球运动员也比较欠缺,需要今后进一步改善和提高。

(6)年轻运动员的培养非常重要,但是也不能忽视了老球员的训练,因为老球员能在队中起到良好的示范作用,要重视老队员体能训练与恢复的有机结合。

二、我国优秀女子足球运动员体能训练综述

（1）在女子足球运动中，最大摄氧量、无氧功、12分跑测试可以作为评定运动员运动能力的可靠指标。在选拔足球运动员时要注重以上几个方面。

（2）总地来看，近些年来我国女子足球运动员的有氧能力有了显著的提升。但从位置考量，前卫队员与其他位置的队员相比，身体承受的负荷最多，因此一定要进一步加强运动员的有氧能力训练。这样才能与欧美强队相抗衡，促进我国女子足球运动水平的提高。

（3）据调查，中国女足前卫线运动员12分钟跑成绩低于后卫队员，这说明中前场队员的有氧耐力水平需要进一步提升，以满足位置的需求。

（4）与国外足球运动员相比，中国女足运动员的无氧能力有待于进一步提高，尤其是较长时间高功率输出的维持能力。

（5）总体来看，中国女足运动员膝关节等动肌力水平参差不齐，部分队员的右侧膝关节屈伸肌比例偏低；下肢弹跳能力差异并不大。

总体上来看，我国男子与女子足球运动员的体能水平与世界优秀球员相比还存在着明显的差距。体能是运动员技战术水平得以发挥的重要基础，而我国足球运动员的技战术水平本来就较差，如果没有一个良好的体能做保障，要想取得理想的比赛成绩更是天方夜谭，因此在今后的足球运动训练中，无论是男足还是女足都应重视体能训练，针对不同的运动员采取有针对性的体能训练手段，不断提升运动员的体能素质。

第七章　新时代足球运动员技战术能力发展研究

技战术是足球运动的核心,对于运动员而言,必须具备出色的技战术能力,这样才能在比赛中充分展现自己的才能,帮助本队获得比赛的胜利。足球运动的技战术系统比较复杂,其中涵盖诸多要素,在培养和提高足球运动员的技战术能力时要综合考虑多方面的因素,促使运动员的技战术朝着较高的水平发展。

第一节　足球技战术综述

技战术是足球运动的核心要素,其中技术是基础,战术是建立在技术基础之上的。运动员只有具备良好的技术水平才有可能充分理解和贯彻主教练的战术意图,顺利地执行战术行动。

一、足球技术综述

（一）足球技术、技能与技巧

技术是特定的动作,技能是人体所具备的完成各种特定动作的能力,而技巧是知道该如何做什么样的技术。没有单纯的技巧一说,技巧是由个人体现的,是独立的。每一名运动员的特点都是不同的,技巧水平的高低均有所不同。

1. 技术、技能、技巧的定义

（1）技术

在足球运动中,技术是运动员参加训练或比赛的一个工具,反映的是人与球之间的关系。足球技术是指运动员在比赛中常用的各种动作的总称。足球技术的形成不是短时间内完成的,而是通过大量的实践而逐步发展和完善起来的。技术是完成攻守战术配合与决定比赛结果的关键因素,因此在平时的训练中,技术都是最为重要的内容,占据着绝对主导地位。

随着现代足球运动的不断发展,运动中的对抗日益激烈,这就对足球技术提出了更高的要求,因此在平时的足球训练中,一定要采取各种手段与方法促进运动员技术水平的提高。

（2）技能

技能是指通过练习获得的能够完成一定任务的动作系统。运动技能是人体在运动中掌握和有效完成专门动作的能力,即在准确的时间和空间里大脑精确支配肌肉收缩的能力。运动技能与技术有着一定的区别,相对来说,运动技能的范围要更加广一些。

足球技能是指人体通过练习后,自身所具有能够完成各项足球技术的本领。一般来说,运动员足球技能的发展主要分为泛化、分化、巩固与提高三个阶段。运动员足球技能的提高要循序渐进地进行,不能急于求成。

（3）技巧

技巧是人们经过学习而掌握的一种能力。作为一名足球运动员,一定要具备优秀的足球技巧,这样才能合理地应对足球比赛中发生的各种意外情况,使比赛形势向着有利于本方的方向发展。

要想提高运动员的足球技巧,必须要结合实战以及战术意识,采用创新的足球训练理念。这是决定运动员技术水平高低的关键,同时也是促进运动员技巧提升的重要基础。

2. 足球技巧的相关因素

（1）学习经验的积累。足球运动员的足球技巧并不是与生俱来的,而是通过大量的训练和比赛逐渐形成的。教练员在组织训练活动时,要善于总结经验,教会运动员科学训练的方法和手段。

（2）预见。预见是指针对比赛的时机、对手的位置而采用合理技术动作的行为。

（3）把握。把握是指运动员在比赛中技术动作的准确性、连贯性及频率都要恰到好处。

（4）最少的时间和代价。这是指运动员所做技术动作的效果,主要包括时机的掌握、踢球的力度和用力方向等。

（5）选择。这是指根据教练员的要求和自己的特点合理选择正确的技术动作。

（6）实施技术动作。这是指运用所学知识与技能顺利完成各种技术动作。

（7）决定。决定指根据情况和预期的目的,在复杂的条件下做出正确决定。

(8)灵活应变。比赛场上情况瞬息万变,要灵活应对各种变化。

3. 比赛中的技术划分

在足球比赛中,攻守技术是最为重要的核心内容。比赛中充满了攻守矛盾,没有出色的足球技术是难以完成比赛、实现既定的比赛目标的。可以说,攻守技术的迅猛发展是竞技足球运动发展的重要标志之一。

需要注意的是,在足球技术中存在着中性技术,即既可用于进攻又可用于防守的技术。例如争顶球,运动员在利用这一技术进攻时,常用于传球和射门等;运动员利用这一技术进行防守时,常用于断球、解围等。又如倒地铲球技术,当以防守技术出现时,常用于自铲自抢、铲断、铲球解围破坏等;当以进攻技术出现时,常用于铲接球、铲传球、铲球射门等。

现代足球比赛越来越激烈,比赛中的攻守对抗日趋加剧,这需要运动员的速度、灵巧、力量等素质与球的协调结合。如此一来,中性技术还会不断涌现出来,攻中寓守、守中寓攻的技术是足球运动发展的必然。

4. 技术运用(技巧)的最终效果

足球比赛是以球为核心,双方围绕着球而展开对时间和空间的争夺。这种对球的争夺过程称为控制与反控制或限制与反限制。

足球比赛中,运动员对球的争夺主要表现在控制与反控制方面。在时间因素方面主要表现为:有球或无球时的速度、动作频率快慢和完成技战术持续时间长短以及时间间隔的节奏变化等。因此,球员们常以利用时间差的形式取得主动权。在空间因素方面主要表现为:有球或无球时的空当大小、方向角度、距离长短以及高低等方面空中或地面的方位等。对此,球员们常以利用空间差的形式取得主动权。这两种形式对于运动员来说非常重要,在平时的训练中,教练员要重视对运动员这两方面素质的培养。只有如此才能获得良好的攻防技术运用的效果,从而获取本队在时间和空间上的优势,有利于比赛形势向着本方的方向发展。

(二)现代足球技术特征

足球技术是战术的重要基础,如果没有扎实的技术是很难完成比赛的,更谈不上取得优异的比赛成绩。一般来说,足球技术主要呈现出以下几个特征。

1. 技术与目的相结合

足球比赛的最终目的是不让对方攻破自家的球门,并设法把球攻入对方球门,从而得分。为实现这一目标,运动员必须合理运用技术牢牢掌握控球权,使比赛形势向着有利于本方的方向发展。

2. 技术与速度相结合

现代足球比赛的对抗性越来越强,要求运动员必须具备出色的技术,并且还要具备优秀的速度素质;因为在激烈的对抗条件下,留给运动员完成技术动作的时间越来越短,空间越来越小。运动员必须掌握在快速中运用技术的能力,提高动作速度。因此,技术与速度的高度结合是足球技术的重要特征之一。

3. 技术与意识相结合

运动员的技术不是独立存在的,而是建立在一定的意识基础之上的,也就是说只有技术与意识相结合,才能实现技术运用的目的。从单一的技术动作到局部的战术配合,直至全队的整体打法,无不受意识的支配。技术与意识的结合非常重要,它不仅要求运动员具备坚实的技术基础,同时还要求运动员掌握各种战术打法,能根据比赛具体实际采取不同的战术策略。

4. 技术与意志品质相结合

足球比赛时间较长,要想顺利完成比赛,除了具备出色的体能素质外,还必须具备顽强的意志品质。尤其是在重大的足球比赛中,在双方实力比较接近的情况下,意志品质更是发挥着极为关键的作用。可以说,没有一个良好的意志品质,再好的技战术也无从发挥。只有技术与意志品质完美结合起来才能取得比赛的胜利。

5. 技术与位置相结合

随着现代足球运动的不断发展,足球技术也朝着全面化的方向发展,为夺得比赛优势,每一名运动员都必须肩负攻守双重任务,因此没有全面的攻守技术,运动员是难以适应当前的足球比赛要求的。足球场上有位置的分工,不同位置有不同的特点,这要求队员在全面掌握技术的基础上,根据个人的特长和位置的需要发展专长技术。由此可见,技术与位置的结合是足球技术的重要特征之一。

6. 技术与即兴相结合

足球比赛形势变化莫测,在比赛中经常会出现各种意外情况。因此,运动员在比赛中的即兴发挥会运用得越来越广泛。即兴发挥要求运动员必须具备全面而娴熟的技术、突出的意识、敢于冒险的精神、机敏冷静的头脑和迅速的应变能力,而这些都要在一瞬间充分表现出来。因此说,技术与即兴的结合也是足球技术的重要特征之一。

二、足球战术综述

(一)足球战术的概念

战术是为了战胜对手进行的有组织的活动,是按照一定的计划,并依据对方的具体情况进行的个人或全队的配合活动。而足球战术就是指为战胜对手而根据比赛的主客观实际所采取的个人与集体配合的行动。

足球比赛是双方运动员对球在时间与空间上的争夺,比赛中充满了攻和守的矛盾,依据这一特点可将足球战术分为进攻战术和防守战术两大类,这两种战术又分别包含着个人、局部、整体战术形式。运动员在参加比赛的过程中要深刻贯彻主教练的意图,将个人战术与集体战术完美结合,这样才能获得比赛的胜利。

(二)现代足球战术特征

1. 机械分工消失

发展到现在,全攻全守的战术在足球比赛中应用得非常广泛,各位置球员的机械分工逐渐消失,但是比赛场上队员仍然有一定的位置职责分工。运动员位置的全面化及能力的全面化成为一个重要趋势。

2. 快速争夺时空主动权

足球比赛是运动员对球在时间和空间上的争夺,快速争夺时空主动权是足球比赛取胜的关键,也是足球战术的重要特征之一。时间是指攻守双方在比赛中时机、速度、节奏变化方面具有的时间性特征;空间是指攻守双方在距离、方位、角度方面具有的空间性特征。对于双方而言,都必须具备敏锐的观察力和准确的判断力,这是重要的前提和基础。

3. 阵形与队形的合理组合

比赛队形是指比赛场上队员的位置分布,是球队攻守力量搭配和职责分工的形式。一个合理的队形对于比赛成绩的取得具有重要的意义。发展到现在,队形与阵形的结合在比赛中越来越重要,教练员需要根据比赛具体实际合理调整人员组合,变化本队阵形,其目的都是获得比赛的胜利。

4. 集体与球星完美结合

一般来说,拥有明星的足球队,往往能取得更加优异的比赛成绩。球星可以说是一个球队的核心,在球队中拥有绝对的权威。但是足球是一项集体项目,只有球星是不行的,还必须要做到球星个人与集体的配合,这样才能获得比赛的胜利。

(三)现代足球对战术的要求

1. 对现代战术训练的要求

(1)整个训练过程要系统和严格,不能盲目进行。
(2)要采用多种手段进行战术的演练。
(3)采用接近比赛环境的形式进行对抗性训练。

2. 检验战术训练是否达到要求

(1)队员之间的战术意识得到提高。
(2)球队形成了特有的战术风格。
(3)个人与球队高度结合。
(4)运动员的责任感和自信心越来越强。

(四)重视战术意识的培养

战术意识在足球运动员技能系统中占据着非常重要的地位,但现实情况是,我国无论是青少年后备人才还是成年运动员的培养和训练都没有重视战术意识的培养,这需要引起重视。在培养运动员战术意识的过程中,我们应遵循以下三个方面的要求。

(1)参加系统训练。进行系统训练的主要目的在于培养运动员完成战术动作的能力。教练员要有明确指令和具体要求,并反复重复战术练习。

(2)多种选择训练。这一训练手段的主要目的在于培养运动员的应变能力。在训练中,教练员可提供多种训练手段,运动员根据自己的兴趣与特点自由选择。

(3)实战对抗能力训练。这一训练手段的主要目的是提高运动员实际比赛中的判断能力。教练员在实战对抗中给予运动员必要的指导并提出相关要求,运动员根据要求完成任务。

以往,运动员战术意识的培养没有受到高度重视,这对于运动员综合素质的发展是非常不利的。即使运动员注意到战术意识的培养,也仅仅是靠自身的体会和感悟,而发展到现在,则主要是在训练中设定一定的难题,让运动员主动去提高战术意识。进行战术训练时,首先要让队员清楚训练的目的和训练目标,这样才能激发运动员训练的积极性,提高训练水平。

第二节　足球运动员技术能力发展研究

一、足球技术训练应遵循的原则

在足球技术教学与训练中,必须要遵守一定的规则。足球技术训练的基本原则是人们根据足球运动的客观规律,在长期的实践中总结形成的规范和要求。

（一）直观性原则

在足球技术训练过程中运用各种手段尽可能地调动学生各种感观,建立动作的表象,使学生获得感性认识。

（1）要学会利用各种直观手段进行训练。

（2）训练要有一定的目的性,采取有针对性的训练手段。

（3）在采用直观手段进行训练时,要考虑到不同学生的特点与风格。

（4）直观感受与启发思维相结合,其目的在于充分发展学生的思维能力。

（二）循序渐进原则

在足球技术训练中,运动员要按照科学的规律进行训练,遵循由易到难、由简到繁的基本原则,从而实现逐步提高训练水平的目标。

（1）训练内容由易到难。

（2）训练手段由简到繁。

（3）训练人数由少到多。

（4）对抗程度由非对抗过渡到有对抗,对抗程度由小到大。

二、提高运动员技术训练水平的要求

（一）处理好基本技术与高难度技术的关系

一般来说,优秀的足球运动员都具备扎实的技术,一些高难技术对于他们来说也是手到擒来。因此,在平时的训练中,要将技术训练作为最为重要的内容。即使是高水平运动员,也不能忽视基本技术的训练。

除了在平时的足球训练中抓好基本技术训练外,还应注重高难技术的提高,将基本技术与高难技术的训练结合起来进行。因为高难技术本身的难度价值和完成的质量情况对运动成绩有着重要的影响,因此要引起重视。

（二）处理好特长技术与全面技术的关系

足球技术有特长技术和全面技术之分。在平时的足球训练中,教练员要指导运动员将这两种技术有机地结合起来进行训练,促使运动员在掌握全面技术的情况下发展自己的特长技术。

在某些情况下,特长技术对于运动成绩有着决定性意义。在平时的足球训练中,运动员要对这类技术进行精雕细琢,精益求精,争取找到克"敌"制胜的手段,久而久之就会形成自己的特长技术。

任何高水平的足球运动员一般都具有自己的特长技术,如梅西的盘带过人技术、C罗的头球技术等,这些都是他们重要的武器和法宝。除此之外,特长技术还是决定运动员技术风格是否鲜明的重要因素之一。

当然,在狠抓特长技术训练的同时,还要求运动员掌握全面的技术,不断促进基本技术水平的发展和提高。

（1）足球各种技术之间存在着一定的内在联系,相互影响,相互促进,这种促进作用我们称之为运动技术的"转移"。受技术"转移"的影响,有时候一个不起眼的技术往往能影响运动员某一特长技术的发展和提高。

（2）运动员技术必须要全面,这是保证特长技术能否发挥的重要条件。如果一名运动员特长很突出,但因技术不全面,在某一方面存在着严重的短板,这样就很容易在比赛中为对手所利用。这种情况用"木桶原理"能很好地说明,即运动成绩的获得往往不取决于运动员水平最高的技术（特长技术）,而取决于其他水平相对较低的技术。因此,在平时的训练中,运动员要将自身的特长技术与全面技术训练充分结合起来进行。

（3）足球运动员技术的全面性决定了球队战术的多样性。因此,在比赛中,既要给对手造成最大限度的不适应,又要使自己最大限度地适应对手,这不仅仅是战术方面的问题,还涉及技术方面。运动员要辩证分析和看待。但不论如何,都要将特长技术与全面技术的训练结合起来进行。

（三）处理好规范化与个体差异的关系

在足球技术训练中,技术训练必须要符合技术规范提供的标准,强调技术的规范化。在技术训练的初级阶段或少儿训练中,强调技术的规范化是非常必要的。与此同时,我们还应重视技术的个体差异,将技术与差异完美结合起来进行。技术规范是一种理想的动作模式,是将许多优秀运动员的共同特征集中起来进行的最有代表性的描述。在一般情况下,某个运动员是不太可能同时具备所有这些特征的,一名运动员的技术动作也很难完全符合技术规范的要求。因此,技术规范作为一种理论抽象,只能为技术训练提供一些准则,为训练指明一个基本方向,而不可能深入到每名运动员的技术细节中去。德国运动训练学家曼·葛欧瑟曾指出:"每个人与理想的动作模式都有偏差,这是正常的,因为每个人都有自己的个性和特点。技术训练的目的在于使运动员近似地达到理想动作模式的要求,即每名运动员都应掌握技术当中的重要环节,同时还要保持个人的风格和特点。"(《运动训练学》,田麦久译,北京体育学院教务处编印,1983)。我国学者也曾指出,在技术训练中除必须要求运动员按技术规格进行练习外,还应注意运动员的个人特点。由于运动员之间存在着差异,在掌握技术过程中往往在某些方面看起来不符合技术规格,但对其本人来说是合理并有效的。了解这一点,对于在技术训练中充分发挥运动员个人特点及更好地完成技术训练任务都有重要意义(过家兴等,《运动训练学》,北京体育学院出版社,1986)。足球教练员必须要清楚:对运动员技术特点的重视、保护乃至有目的地加以发展,是使这些特点发展为特长,从而攀登上世界体育竞技高峰的重要环节。在足球运动中,技术的"实用性"是最为关键的因素之一。如果在训练中过分拘泥于技术的规范化,而对实用性有所忽视,比赛效果往往受到影响。而"实用性"在很多情况下,不仅由技术的规范化所决定,而且还由运动员的个人技术特点所决定。因而在技术训练中,对运动员进行区别对待是极其重要的。应当在技术规范化指出的方向上,使运动员表现出不同的技术特征。

(四)处理好循序渐进与难点先行的关系

足球运动技术的各个组成部分之间都有其内在的联系。在进行技术训练的过程中,运动员要认清技术活动内部之间的联系,即应当沿着由低到高、由易到难、由浅入深、由分到合、由主到次的顺序进行练习。无论是训练内容的安排和训练方法及手段的选择,都要服从"学习、提高、巩固,再学习、再提高、再巩固"的一般性程序,按部就班、循序渐进地进行训练。然而,需要注意的是,依据先易后难、先浅后深等教学顺序进行训练并不意味着不能改变这一模式。有时候,根据现实情况所采取的"先难后易""先深后浅"教学顺序也会收到良好的训练效果。

（五）处理好合理的内部机制与正确的外部形态的关系

为提高运动训练的效果，建立一个合理的内部机制是至关重要的，运动技术必须要符合运动生理学、运动心理学、运动解剖学等学科理论。与此同时，运动技术还应具备正确的外部形态，之所以如此，其原因主要有以下几点。

（1）外部形态和内部机制往往交互影响。苏联运动生理学家曾指出：技术动作一开始就具有正确的外部形态，对技术进一步完善、技能进一步形成具有很大意义。其原因是，具有正确外部形态的技术，可向中枢神经系统发出有效的神经冲动，以及由中枢神经系统发出的对完成联系比较适宜的神经冲动，都能顺利到达有关的神经和肌肉部位。而这种神经冲动本身，亦是作为技术的神经生理基础的暂时性神经联系的重要组成部分。此外，技术具有正确的外部形态，会加快肌肉协调能力及动作力量、速度、耐力等方面的发展。相反，如形成不正确的外部形态后，就会因神经间暂时联系的稳固性而给纠正这些习惯带来极大的困难。

（2）在多数情况下，我们可以利用运动生物力学的方法来描述技术的外部形态，如运动的幅度、速度、力量等都可以通过一些指标来表述。

（3）在足球运动中，技术美在很大程度上是通过外部形态来体现的。如倒勾射门、凌空射门、鱼跃头顶球以及鱼跃扑救，这些技术之所以有较高的审美价值，其外部形态是很关键的因素。

（六）处理好"学习"因素与"训练"因素的关系

在足球训练过程中，既存在着"学习"因素，又存在着"训练"因素。可以说，"学习"和"训练"贯穿于整个足球技术训练的过程。在运动员技术训练的过程中，技术学习是基础，对整个技术训练过程产生重大影响。从某一种角度来看，技术训练过程的实质就是运动学习的过程。这一过程主要包括三个环节：第一，运动员接受信息，建立和形成正确的动作表象；第二，运动员根据相关指令完成技术动作；第三，运动员根据具体实际情况的反馈，及时调整动作。

总之，在足球运动员技术训练中，教练员要指导运动员处理好学习与训练之间的关系，制定技术训练的要领，围绕关键技术并结合运动员个人特点进行训练。另外，还要根据反馈及时地处理和调整技术训练计划，确保运动员技术水平的发展和提高。

（七）新技巧训练时间要短，但次数要多

在足球训练中，当出现一种新技巧时，运动员由于不熟悉，经常会出现各种失误，这是非常正常的，但是久而久之就容易失去训练的兴趣。因此在安排时既要反复地多练，又不能一次练得过长，要"少量多次"的进行。可采用间歇训练手段，在中间休息或者换一种轻松技巧进行调节或训练。

（八）提高技术训练的密度

在足球训练课中，每堂实践课的时间都是固定不变的，如何有效地利用训练时间，避免没有必要的时间浪费，是安排好每节实践课的前提之一。在每节实践课中，要排除不必要的练习，抓准训练的重点，提高技术训练的密度，不断提升运动员技术水平。

（九）抓好技术的综合性与实战性

1. 抓好技术的综合性训练

在运动训练的过程中，教练员要指导运动员把技术与技术、技术与战术、各项身体素质训练等有机结合起来进行综合性训练。

在训练的过程中，应注意以下几点要求。

（1）加强技术与技术之间的联系，实现组合训练。

（2）运动员技术训练要与体能训练同步进行，获得同步发展。

（3）培养和提高运动员的技术意识。

2. 抓好技术的实战性训练

足球实战性训练要以足球比赛的客观规律及适应比赛的要求为依据，在训练的过程中要注意以下几点要求。

（1）强调训练的对抗性。

（2）营造良好的训练环境，在接近比赛状况下进行练习。

（3）正确处理熟练与简练之间的关系。

除此之外，在训练的过程中，还要合理地利用装备和器材，控制好训练的难度，提高运动员训练的积极性等。

（十）抓好技术风格的培养

对于运动员而言，"技术风格"的培养非常重要。个人有个人的风格，球队有球队的风格，技术风格不应局限在个人技术上。我们通常所说的

"技术流派"是技术风格的延伸,指不止一个运动队,而是若干运动队都具有相似的技术风格。技术流派的范围要比技术风格大得多。要想培养足球运动员独特的技术风格,在平时的训练中要充分发挥运动员的个性,提高其创新能力,将技术风格的培养看作技术训练的重要内容。

第三节 足球运动员战术能力的发展研究

一、足球战术训练的方法

(一)方格法

方格法是指将运动员的训练活动固定在预先设计的方格式场地内的一种训练方法,这一方法在足球战术训练中较为常用。影响这一方法的因素很多,如方格大小和数量、球门设置的数量、参与练习人数的多少、特定规则或限制条件的运用、练习用球的数量、传接球次数的要求等。因此,教练员应根据训练的目标并结合运动员的特点及训练实际合理地进行依情创设。如进攻对方球门,有利于培养攻方队员个人突破与射门的能力,防守队员个人封堵、抢截、铲断球等限制射门的能力同时得以展现与培养。

(二)区域法

从具体的实战出发,当球队需要演练某一区域的战术打法时,就把练习控制在某一区域内进行练习。如为了提高三对二突破射门的能力,就可以把练习控制在中路;为了促进攻方快速突破射门,可对攻方传球次数做出一定的限制,或者规定球入罚球区后只准射门,不能传球。

在足球比赛中,全队打法的各个环节首先应在相关的区域进行训练,然后扩张到邻近的两个区域甚至整个球场。教练员应在训练中对练习的发动者加以控制。为此,可以采用把球传向某一队员或某一区域的方法。

(三)移植法

移植法是将本队在比赛中运用的基本打法,或者在比赛中出现的典型打法战例,客观、准确地编制成一种练习手段,移入到平时训练中去的训练法。这种训练方法具有实战性、针对性、创造性特点,对教练员的观察、思维和练习手段的设计能力提出了更高要求。在设计练习手段时,不仅"外型"要逼真,而且"内涵"更应具体,即对一个练习的各个环节要有明确细致的要求,才有利于取得理想的效果。

（四）冻结法

冻结法是在平时的训练和比赛中,教练员为了演示队员位置利弊而暂时停止训练的一种方法。运用这种方法时要特别注意以下两点要求。

（1）应预先约定信号。如两声短哨,表明队员各自被"冻结"在哨音响起时的位置上。

（2）队员必须停止在原位并保持静立,否则,即使徘徊2～3米,整个场面也将被扭曲。

在训练的过程中,如果教练员发现需要"冻结"的局面,这时要果断做出决定,否则就会带来完全不一样的局面。教练员在停止练习时要有一个明确的主题——如进攻的策应角度和距离是这次课的主要任务,那么冻结练习的目的就应重点服务于这一主题。如果几次暂停比赛处理不同的问题,便是严重的错误做法。

当进行冻结练习时,不仅要指出队员的位置错误,还应向其演示何处为更好位置以及继续发展的局面。在纠正错误行为而重新演练时,可先用走的方式,再用跑动,然后以比赛的速度重复练习,对一名队员来讲,必须清楚所处不同位置的不同利弊。

（五）条件法

条件法是指根据训练的目的和任务,教练员在采用某一训练手段时,附加一定的限制条件的方法。这种设置限制条件的方法能使训练的目的更加突出,有利于运动员集中精力进行训练。在具体的足球训练中,可以给全队任何一方面设置条件。但练习的条件应从比赛的角度加以考虑和控制。并且应当懂得条件是人为设置的,有时会脱离实战,因此限制条件的时间不要太长。

（六）计时法

计时法是指在训练的过程中采用某一练习手段时,对该练习的时间给予一定限制的一种方法。限制训练的时间,有利于教练员更好地控制训练过程,有利于训练质量的提高。

一般来说,运用计时法的关键在于准确地确定练习时间。一般非对抗技术性练习时间相对较长,需要有反复磨练机会,小型分队比赛性练习应视场地大小、参与人数多少及练习的要求等因素合理地确定练习的时间。凡练习密度大,则时间短些,反之同理。有经验的教练员往往能预先准确地确定练习的时间,能根据具体的训练实际合理地调整训练时间。在这样的训练条件下往往能取得理想的训练效果。

（七）对抗法

对抗法是指在训练中采用某一练习手段时,有攻守两方队员同时参与练习的一种方法。这一方法有利于培养和提高运动队的战术意识,有利于运动队打法的成熟和完善。

在足球训练中,进行对抗训练需要遵循以下要求。

（1）按个人—小组—局部—整体训练模式进行训练。

（2）按消极对抗—积极对抗—比赛性对抗进行训练。要注意逐步提高对抗的难度。

（3）要根据训练的目标和运动员的特点及实际水平合理选择训练的手段与方法。

二、足球运动员战术训练基本要求

（一）把握足球制胜规律

足球训练的主要目的在于取得优异的比赛成绩,而要想取胜,就必须要遵循一定的制胜规律。这是足球战术训练最基本的要求,也是制定战术方案、运用战术方案的重要前提。

所谓足球制胜规律,是指在足球竞赛规则的限定内,教练员、运动员在竞赛中战胜对手、争取优异运动成绩所必须遵循的客观规律。

足球制胜规律主要包括两个方面的因素:一是制胜因素;二是制胜因素之间的本质联系。

（1）制胜因素是决定性因素。这些因素是人们在对足球比赛的各种特性进行深入研究后归纳总结出来的,每个因素都包含着明确的战术含义。

（2）在足球比赛中,制胜因素不是一个或两个,而是一个"因素群"。这一群内的若干因素之间都存在着必然性联系,有的互相促进,有的互相制约,有的互相矛盾。只有做到遵循制胜规律,合理把握这些因素之间的关系,才能有效地进行战术训练,才能获得比赛的胜利。

（二）培养足球战术意识

战术意识这一特殊思维活动过程由战术信息选择与战术行为决策两个前后为序、紧密相连的部分组成。培养足球运动员的战术意识,是战术训练的中心环节。

在培养运动员战术意识时,要注意以下几个方面。

第一,充分了解和把握足球比赛基本规律与战术特征,以及足球战术发展的趋势。

第二,通过大量的训练和比赛积累足球战术理论及经验知识。

第三,通过大量的训练和比赛熟练掌握足球战术能力。

(三)培养战术运用能力

在足球训练中,不仅要注重培养运动员的战术意识,还要重视提高运动员的战术运用能力。这也是在足球战术训练中贯彻"练为战"思想的具体要求。

在提高运动员的战术运用能力时,要注意以下几个方面的要求。

第一,战术的选择和运用要有明确的目的性和针对性,做到有的放矢。

第二,所采取的战术要有高度的实效性,要达到制胜的目的,杜绝华而不实的战术。

第三,战术的选择要有高度的灵活性,能根据场上千变万化的局势,合理的调整战术行动。

(四)处理好个人战术行为与整体战术配合的关系

个人战术行为指运动员在战术活动中表现出的个人行为。而整体战术则是以个人战术为基础并对此加以协调配合的行为。足球是一项团体活动,因此要想实现既定的目标,全队要统一思想,展开集体行动,要将个人战术融入整体战术之中。

个人与整体战术的配合需要注意以下几个方面的要求。

第一,要有严密的组织性。即强调个人战术行为必须服从全队的整体配合。每个运动员都必须遵守战术纪律。所谓战术纪律,指在足球比赛中为争取比赛胜利而制定的要求每个运动员必须按战术计划行动的强制性规定。战术纪律是战术计划得以有效执行的保证。在战术计划没有被比赛过程证明为无效且比赛指挥者没有发出明确修改指令前,战术纪律要求运动员不得无故不执行战术计划。

第二,要有高度的一致性。即所有队员战术行为的目的应当一致。

第三,要有高度的协调性。即每个运动员的个人战术行为必须相互协调,以保证全队战术目的的顺利实现。

（五）重视战术组合

随着足球运动的不断发展，以往靠单一战术制胜的局面已不多见，各种战术的组合成为一种趋势。在足球运动中，如何将多套战术有机地结合起来并针对性地使用，就成为衡量球队战术水平高低的主要标志。一般来说，足球战术组合主要分为以下两种。

（1）程式性组合是指将各种战术行动在空间上、时间上按一定的顺序所构成的战术组合。如足球比赛中常用的二过一配合战术、盯人战术等都属于这一形式。

（2）创造性组合指根据比赛临场变化情况，不按固定程式，创造性地将几套战术组合在一起。"随机性"是这种组合的重要特性。

程式性组合既可表现于训练之中，又可表现于比赛之中；而创造性组合则更多地表现于比赛之中。

程式性组合能力是创造性组合能力的基础。运动员对程式性组合掌握得越多、越熟练，就越能开发出创造性组合。

创造性组合能力又不能简单地等同于程式性组合能力。后者的神经生理机制可用经典动力定型理论解释，而前者至今尚未得到权威性的说明。虽然如此，运动员在比赛中的创造性却是必须加以着重培养的能力。

（六）加强战术创新研究

要想促进足球运动水平的提高，获得理想的比赛成绩，必须要加强战术的创新。战术创新主要分为常用战术创新和特殊战术创新两种形式。

（1）常用战术创新是一种基础性创新。这一方式具有较大的普适性，一旦成功就能在绝大多数的运动队中使用，能为足球战术体系带来革命性影响。

（2）特殊战术创新是一种实用性创新。这一种形式是针对特殊的对手"设计"出来的，具有较强的针对性，其操作程序是根据不同的对手选择不同的战术。

三、优秀职业足球运动员战术能力特征探讨

（一）从战术能力构成因素探讨优秀职业足球运动员战术能力特征

1. 战术观念非常先进

作为一名优秀的职业足球运动员，必须要具备出色的战术能力，包括

出色的战术意识和先进的战术观念两个方面。只有具备了先进的战术观念才能深刻理解战术的内涵,了解战术的价值功效,迅速准确地判断出该战术所要达到的目的以及在实际运用中所能够和应该达到的效果。他们也对某项战术的运用条件有着清晰的认识,能够在比赛中根据具体实际情况选择合理的战术方案。

2. 战术指导思想清晰明确

作为一名优秀的职业足球运动员还必须具备清晰的战术指导思想,这是其战术能力的重要体现。只有具备了清晰的战术指导思想才能更好地选择战术、运用战术。优秀职业足球运动员对战术规律有一个清晰的认识;掌握一定的战术规律,能使战术行动更具成效,有利于本方比赛的顺利进行。足球是一项团体项目,因此全队成员要有统一的战术指导思想,要以全队战术为重,个人战术要服从于集体战术,这样才有利于集体行动。

3. 战术意识强

作为一名优秀的职业足球运动员还要具备较强的战术意识。战术意识水平可以说是运动员竞技水平的重要标志之一,良好的足球战术意识能在一定程度上弥补运动员技术和体能的不足,有利于理想比赛成绩的取得。

4. 战术知识丰富

作为一名优秀的职业足球运动员还要具备丰富的战术理论知识。运动员能否合理地利用战术,在很大程度上取决于他们掌握战术知识的广度和深度。优秀职业足球运动员具有广博的战术知识能很好地观察比赛情况,选取恰当的战术行动,并能够根据具体实际调整战术行为,保证战术行动的有效性。

5. 战术行动量多质高

作为一名优秀的职业足球运动员,其所采取的战术行动要量多质高。只有掌握了相当数量和质量的战术行动,才能在比赛中触类旁通,根据具体情况灵活机动地运用既定战术,并能瞬息调整战术行动而不混乱。优秀职业足球运动员正是掌握了大量高质量的战术行动,才使其在比赛中游刃有余,不管是个人战术行动还是配合的集体战术都能够合理而有效。需要注意的是,运动员战术的执行能力需要通过大量的训练和比赛才能获得。为促进足球运动的发展,必须要加强青少年足球后备人才技战术执行能力的培养。

（二）从比赛中战术运用的实践因素探讨优秀职业足球运动员战术能力特征

1. 战术能力的位置化特征

作为一名优秀的运动员,必须要具备出色的战术决策能力,这样便于控制整个比赛形势和走向。好的运动员能根据场上的情况迅速而准确地做出判断,果断地采用相应的战术行动,使得本方进攻或者防守更加有效。但这种战术决策能力的发挥对于优秀队员来说带有明显的位置性。一名优秀的中场队员助攻到禁区时,想的更多的可能是如何传出具有威胁性的球;而一名优秀的前锋队员则更多想的是如何射门;这就是位置不同让他们在战术决策时出现的差异。因此在培养运动员战术能力时更应该在固定位置的前提下进行,这样能帮助其更好地理解和把握战术发展的基本规律,从而采取合理的战术行动。

2. 战术能力的技术完美化特征

战术的执行是建立在一定的技术基础之上的,没有一定的技术能力做支撑,很难完成既定的战术行动。如当射门技术很差时,任意球直接攻门也就无从谈起;无法传出精准的落点时,下底传中战术便是失败的战术;如果没有完美的技术,无法在禁区多人逼抢的情况下传出诡异的球,那么跟进的队员就无法形成破门。所有这些都说明,在大多数情况下,成功的战术需要完美的技术。优秀的足球运动员正是具备了完美的技术才使其在战术行动中占据优势,从而获取比赛的胜利。

第八章　新时代中国足球改革发展的整体思考

在新的时代背景下,加强中国足球的改革与发展是尤为必要的。只有通过大力的改革才能改变当今中国足球发展的局势,才能促使中国足球摆脱目前的发展困境。在改革的过程中,要力求真实和客观,充分借鉴其他国家的先进经验,为我所用。本章就重点探讨中国足球改革与发展的相关问题及策略。

第一节　新时代中国足球的发展困境

一、足球体制较为落后

中国足球之所以停滞不前,发展远远落后于世界足球强国,甚至在亚洲范围内也不在第一集团之中,其中一个非常重要的原因就在于中国足球的体制比较落后,难以跟上时代发展的形势。中国职业足球在发展的过程中,曾经出现过"假球""黑哨""罢赛"等事件,这严重影响了中国足球的形象。

自1994年中国足球进入职业化以来,在发展的过程中遭遇到各种挫折与困难,各种改革问题如潮水般暴露出来,整体足球市场环境日益恶劣。不论是裁判、球队自身以及足球市场的管理者都存在各种问题,这些问题与体制不健全有着直接的原因。

中国足球目前的这种体制造就了低效低能的部门,大量的行政与政治干预行为的存在,阻碍着足球市场的发展。在目前的足球体制下,人情关系与规则时有冲突,国家投入大回报小,与现在的市场脱离大,没有形成有效的市场经营模式。因此,要根据市场需求,使足球行政管理与市场经营分开。

二、足球热但基础不稳

目前,中国足球在亚洲排名属于第二档次,与日本、伊朗、韩国等亚洲足球强国的差距比较明显。我国也是一个体育大国,是个足球大国,但还不是体育强国,足球强国更是谈不上。一般来说,体育强国更多的是体现在人均经济量上,只有人均收入增加、生活质量提高、社会保障福利提高、体育设施发展与完善,人们才能有更充足的经济条件去加入到体育以及足球的行列中来,我国才能有更雄厚的足球人口的基础,在这个坚实的基础上才能有拔尖的运动员,正如金字塔一样,有了地基,才能有上层的塔尖。发展到现在,中国足球超级联赛在世界上有了一定的影响力,吸引了大量的世界知名教练和运动员加入其中,足球成为国人关心的话题与运动项目,但是球迷的热情屡屡遭受残酷现实的打击,热情有余稳定不足。球迷的关注应该恢复到理性的层面,看清中国足球的目前的现实,不断增强中国足球发展的社会基础,这样才能从根本上促进中国足球的可持续发展。

三、足球人才素质不高

我国属于一个体育大国,尤其是竞技体育水平居于世界前列,有着较高的发展水平。在众多的竞技体育项目中,乒乓球、举重、体操、跳水等成为重要的代表。这些项目大都体现出中国人"小快灵"与"非对抗"的特点。而足球运动的对抗性较强,对人的身体素质有着非常高的要求。另外,在集体项目上,中国足球的配合性较差,难以形成一个良好的整体,在这样的情况下,中国足球就难以获得理想的成绩。这与我国足球人才的整体素质不高有着直接的关系。因此,在未来的发展中,一定要将足球人才的培养作为重要的一方面去抓。

四、各地区足球发展不平衡

当前,我国足球还存在着足球发展不平衡的现象,各地区之间的足球水平差异较大。究其原因,这与我国地区之间的经济水平存在明显的差异有着直接的关系。地区之间的经济差异较大,因此不同地区的足球不可能在一个公平的水平上进行发展和交流。足球发展所必需的规模效应不能形成。区域经济和地缘跨度太大,不能进行高水平的竞争与交流。而欧美一些小国,虽人口不多,国家不大,但各个城镇之间的足球活动频繁,互动性好。而反观中国,很多城市并没有顶级联赛的俱乐部,甚至没有足球俱乐部,这样的发展现状不利于中国足球的可持续发展。

第二节　足球强国对我国足球运动改革发展的启示

一、国外足球强国后备人才培养对我国足球运动改革发展的启示

（一）根据国情制定人才发展规划

与国外足球强国相比，我国足球后备人才的培养明显处于落后的局面。这不仅与经济政治体制有着密切的关系，也与足球发展历史积淀以及足球文化的关系颇大。如德国、西班牙、意大利、巴西和阿根廷等国的足球历史有着非常深厚的底蕴，这些国家的足球都深深融入青少年的日常生活之中。

一般情况下，足球强国在足球后备人才培养方面的城乡差别较小，他们多采取开办足球培训中心、训练中心的方式来培养青少年足球运动员，如德国的培训中心和日本的训练中心制度就是如此。德国足球在 1998 年后经历了短暂的低迷，之后他们对巴西、西班牙、荷兰等国足球发展和青少年培养进行了细致的调查研究，并根据德国足球发展的实际制定了合理的发展规划，历经多年，德国终于在 2014 年夺得了世界杯冠军。同样，日本的青训体系起始于 1976 年，依据日本国情、民族特点、足球基础等因素，结合日本青少年足球的情况，借鉴欧洲或南美足球强国的先进发展经验，除了依靠中小学和职业俱乐部的训练中心制度外，根据人种特征以及在巴西日侨最多的实际，采取足协、俱乐部以及球员家庭出资、多种形式的留学巴西行动，学习巴西的技战术风格，统一青少年训练大纲。韩国足协、学者在 2002 年世界杯后意识到学校足球后备人才培养体系过于单一，认为应倡导职业俱乐部在人才培养中的作用。2003 年建立了青少年足球俱乐部，2006 年，韩国足协要求职业俱乐部必须建立后备梯队。经过这些改革、发展与借鉴，日韩等国的足球水平日益提高，其水平远超我国。

因此，为推动中国足球的发展，我们必须要有针对地借鉴其他足球强国的发展经验，然后结合我国具体国情和人才发展的特征制定一个合理的发展规划。需要注意的是，在借鉴的过程中，要对国外足球人才的培养路径有所甄别，在人才培养上选择具有中国特色的路径。

（二）文武兼备，全面发展

像欧美的一些足球强国，他们在培养足球人才的过程中，不仅注重其

技能的培养,还非常重视青少年球员的文化学习及性格的完善,注重人才的全面发展。这对于中国足球后备人才的培养也是一个很好的借鉴。

英格兰作为一个传统足球强国,他们认为足球不仅仅是一种单纯的体育教育手段,也不应成为青少年球员人生的唯一内容,而是将足球作为媒介来实现青少年球员身心和道德等方面的全面发展;要求青少年球员每周上课不能少于16小时,强调学习才能赢得选择机会,讲求踢球和学习之间必须平衡。

在法国,学生踢球是作为教育的方式和手段,强调足球技术与文化共同发展的理念,注重全面培养;不允许中断青少年球员的文化课学习,目的是让青少年球员得到全面的培育和发展。

德国青少年球员培养的指导思想是足球训练与文化知识学习兼顾,将足球与教育相融合,完善青少年球员的心理和人格。

在日本,青少年球员的文化学习并不特殊,有一定的文化课时和成绩的要求。

韩国青少年培养的指导思想是培养学习的足球运动员,训练与比赛不能影响文化课学习,韩国足协和教育部联合宣布2006年为"培养学习的运动员元年",制定了鼓励学习制度,模范奖授予比赛和学业成绩都优秀的球队;人才奖授予竞技能力和学业成绩均优秀的球员。

总之,人的全面发展不仅事关青少年足球运动员的未来发展,也事关我国足球能否获得可持续发展,只有摒弃重武轻文的观念,坚持以人为本、全面发展的理念,才能实现人与足球发展的和谐统一,才能实现中国足球的振兴与可持续发展。

(三)注重规划的制定与执行

足球强国大都将后备人才培养作为长远发展规划的重要部分,并做出详细的设计和安排。德国在1998年世界杯之后,意识到自身青训体系不够科学,因此结合自身国情制定了十年发展规划,并在这十年间不断完善,终于在2014年夺得了世界杯冠军;英国20世纪提出青训计划,明确各方的责任权利以及如何更好地培养青少年球员;法国"盖兰"计划迄今已有40多年,中间经过修改完善,内容更加翔实,通过多年来的发展,涌现出了大批的高水平的足球运动员;日本足球发展"百年规划"内容详尽,重在落实,在规划中详细说明了如何培养不同年龄少儿对足球的兴趣、各级教练员的培养、具体某个年份达到怎样的要求等,而且,每年根据形势发展不断补充和完善,在青少年队伍的设置上,U20以下每一年龄段都有一支青少年队,而不是双年龄设置。

以上国家足球运动的发展对我国是一个很好的借鉴。从足球长远发展来看,我国足球发展的根本就是打下一个良好的基础,包括职业足球、学校足球、社会足球等各个层面,而夯实基础的关键就在于不断加强足球后备人才的培养。为推动我国足球后备人才的培养与发展,必须既要重视长远规划的制定,又要细化对规划的执行和落实,将长远计划与短期计划相结合,实事求是,将规划落到实处,密切关注足球后备人才的发展。

（四）加强政府的推动

在市场经济条件下,足球产业市场的发展遵循市场经济发展的基本规律,由经济杠杆来调整,但是这并不代表不需要政府的参与,足球产业市场的发展也需要政府力量的存在。市场并不是万能的,政府可以在其中起到应有的作用。纵观世界足球强国的发展历史,在其足球后备人才培养中,政府都发挥着非常重要的作用。

德国青少年足球后备人才的培养虽然由德国足协牵头,但遍布全国的足球基地却由政府全权出资,甚至德国政府还参与了一些业余足球俱乐部的建设。英国政府曾经资助三大足球机构推出青训人才培养计划,强制青少年运动员进行文化课学习。法国足球管理采取的是政府与足协合作的结合型管理体制,很多职业足球俱乐部场馆的修缮都来自政府的拨款。韩国政府历来都非常重视足球的发展,制定了"绿色方案"的足球发展规划。日本"三位一体"战略的核心就是发挥国家和政府在足球发展中的重要作用,申办韩日世界杯成功之后,向足球运动投资100亿美元用于足球后备人才的培养。经过多年的发展,日本已成为亚洲足球豪强,每一届世界杯都能进入最后的决赛圈,并且取得了不错的成绩。

1994年,中国足球进入职业化发展的阶段,在发展之初,足球市场机制很不健全,后备人才培养完全依赖于市场的调整是不现实的,因此需要政府发挥其宏观调控作用。但事实表明,我们没能做到这一点,青少年足球后备人才的培养仍旧比较落后。但需要注意的是,青少年足球后备人才的培养,市场与政府的结合这一方向是没问题的,在未来的发展中,政府应加强宏观管理和调控,提供有效制度的供给,加大足球的经费投入,整合各种资源,为足球后备人才的培养提供重要的保障。

（五）普及与提高相结合

一般来说,世界足球强国都拥有众多的高水平的足球俱乐部,这些俱乐部能在青少年儿童中形成巨大的影响力,能有效促进足球运动在青少年儿童中的普及和推广。如意大利足球的普及从中小学开始,培训和提高主要由职业足球俱乐部的培训班负责,通过这样的举措,意大利始终都有着完善的足球后备力量。英国足球的普及以学校足球为主,职业足球俱乐部的相关人员对其进行辅导。日本学校足球以扩大足球人口规模为重点发展目标,经过多年的发展,日本累积了众多的足球人口,拥有着广泛的群众基础。韩国足协为了扩大足球人口规模,建立了青少年业余足球俱乐部系统,极大地提高了青少年足球后备人才的培养质量。

很长一段时间以来,中国足球为追求快速的发展,而显得急功近利。在这种局面下,青少年足球队伍建设受到忽视,足球难以在青少年中得到普及与推广。一方面,普及不力影响了青少年球员培养的数量和质量。另一方面,后备人才质量不高使竞技成绩难以提升,这又反过来制约了足球运动的普及与推广,久而久之就会形成一个恶性循环。因此,为推动我国足球后备人才的培养与发展,必须要利用当今校园足球开展的契机,抓好在中小学中的普及工作,不断扩大足球人口规模,重视职业足球俱乐部青训人才的培育,充分发挥其带头作用,形成良好的足球运动氛围。

(六)加强青训系统教练员培育

教练员在青少年足球后备人才的培养与发展中扮演着非常重要的角色,教练员是青少年足球运动员成才的关键因素,因此加强青训系统教练员的培养至关重要。

以德国足球发展为例,德国青训队伍的教练员配备非常齐全,除了主教练外,还配有守门员教练、体能教练、技术指导负责人等。意大利青训系统非常注重教练员的教育背景,教育背景不良的教练员进入青训系统受到严格的限制。日韩两国则每年都会聘请外籍优秀教练执教青训,指导青少年运动员完善和提高自己的技术。

与国外足球强国相比,我国的青训系统缺乏高水平的教练员,这也是制约我国青少年足球后备人才发展的一个重要因素。为此,我们必须要高度重视起来,从以下方面入手加强青训教练员的培育:第一,规范教练员培训体系;第二,完善教练员培训制度;第三,选送部分优秀的青训教练员到国外培训,加强与足球强国的联系与交流;第四,邀请高水平的教练员前来执教,提升后备人才培养效益。

(七)完善竞赛体系

足球运动员运动水平是通过比赛得到验证的,可以说竞赛是训练的杠杆,是检验运动员真实水平的重要标准。目前,世界足球强国大都建立了完善的竞赛体系,对各级竞赛有明确的规定和要求。他们从小学年龄段就设立全国联赛,学校每年都会举行各种足球比赛。各俱乐部梯队之间与学校系统队伍之间经常比赛,每年的赛事非常多。

可以说,比赛是学习足球最好的方法,而中国足球运动员,尤其是青少年足球运动员的实战经验太少,这成为制约和影响中国足球发展的重要因素。因此我国各级足协应积极配合教育系统建立小学、初中、高中、大学四级足球竞赛体系,每个年龄段都设置球队和组织竞赛,以赛代练,促进足球后备人才综合素质的发展和提高。

二、足球运动发达国家校园足球文化建设的启示

(一)校园足球应由足球文化引领

世界各国对校园足球的发展都采取了不同的策略,发展的内容不一,但是文化建设始终都是校园足球非常重要的一方面。因此,我国校园足球可以借鉴足球强国的发展经验,并结合自身的特点,对校园足球的发展路径进行创新与整合,努力提升校园足球的关注度,在整个社会范围内营造一个浓厚的足球文化氛围。各地方学校要结合自身的实际情况建设具有特色的校园足球队,挖掘与培养校队具有足球天赋的运动员,在这样的背景下,久而久之就会形成一种潜移默化的体育文化氛围。学生能从多方面接受足球文化的熏陶,从而促进自身综合素质的发展。

(二)校园足球的发展要注重学生体育精神的培养

在校园足球发展的过程中,还要重视学生体育精神的培养。因为体育精神是体育的基础,同时也是学生接受教育的基础。体育之所以令人神往,其中一个非常重要的方面就是蕴藏在体育外在表现形式深处的一种文化内涵——体育精神。体育精神有利于激发学生参与足球运动的热情,有利于培养学生顽强的意志品质,有利于帮助学生建立和形成正确的世界观和价值观。相关研究表明,足球作为同场对抗类运动项目,对队员间的默契程度、协调配合能力等要求都非常高,要想完成足球比赛,必须要有出色的体育精神来支撑。因此,为促进学生体育精神的培养,一方面学校应丰富学生的课余文化生活,以弥补课堂训练的不足;另一方面足球教师要努力提升自己的专业素养,更好地领会和理解体育精神,从而将正确的体育精神灌输给足球后备人才。

(三)校园足球的实施应有制度保障

制度文化建设可以说是校园足球文化建设的规范,同时也是校园足球

发展的重要保障。校园足球开展的指导思想中明确提出"通过广泛开展校园足球活动,建立和完善小学、初中、高中和大学四级足球联赛,在青少年学生中普及足球知识和技能,形成校园足球文化"。在这期间不仅要理顺校园足球管理体制,界定各地方政府体育和教育部门职责和权限问题,还要建立健全校园足球安全保障体系。其中包括体育设施和组织不力引发事故的责任认定、学生自身疾病报备整理情况以及校园医疗卫生制度的修订等。除此之外,学校还应及时检查场馆器材,建立学生健康档案,并形成相应的电子信息系统,从而提高学生足球训练的针对性和有效性。总之,为推动校园足球的发展,必须要建立一个良好的制度保障体系,为学生提供专业的安全保障,促进学生运动员的健康发展。

（四）校园足球应与社会建立良好的互动关系

校园与社会存在着一定的联系,为更好地融入社会,青少年足球后备人才在校园中还要加强彼此间的互动与交流。在西方足球强国,有很多足球明星在退役后选择去青训系统或学校中发挥余热,能有效促进校园足球的发展。

一方面,校园足球与以往所说的学校足球是不同的,校园足球是以前学校足球的扩大和延伸,因此为推动其发展,要有专门的足球指导员进行指导。而现阶段我国的社会指导员数量不足,质量也有待加强。在这样的情况下,就需要相关部门强化社会体育指导员的职业培训,培养出高素质的足球指导员。

另一方面,学校应加强与职业足球俱乐部的互动与交流,从发展体育产业和管理体育市场的角度,举办亲子运动项目,既通过学校进行销售渠道的设计与实现,也使学校将校园足球的普及范围扩散至家庭,从而融入社会,营造良好的互动关系。这对于足球后备人才的健康成长是非常有利的。

第三节　新时代中国足球振兴与发展的抉择和举措

一、中国足球振兴的重大抉择

中国足球要想振兴就需要进行必要的改革。面对当前复杂的改革形势,要采取恰当的抉择,只有抉择正确,所采取的各种举措、制定的各种方案才有意义,否则就会成为无用功。为此,根据中国足球发展的现状,我们可以采取以下抉择。

（一）以文明现代转型为视野

从狭义上来讲,中国足球的振兴就是要提高足球运动水平,满足人民群众不断增长的足球需要。广义上讲就是让中国足球与国际接轨,实现国际化发展。

在新的时代背景下,中国足球要敢于迎接挑战,面对历史发展的机遇,做好现代化的转型。要想转型成功,就必须要有文明的大视野,这样才能认清中国足球的发展方向,采取有针对性的举措去实现中国足球的振兴。在实现振兴的过程中,可以参考和借鉴其他国家的先进经验,大胆改革与创新,这样中国足球的振兴与发展才有希望。

（二）正确理解现代足球的发展内涵

现代足球的内涵及其规律本质上是一个相对完整的知识体系,中国足球的改革与发展要认清这一事实,充分理解足球发展的内涵。现代足球中蕴含着丰富的人类文明的内涵,比如人性本能、宗教信仰、意识形态等,这些都是活着的文明机体,而不只是机械的运动技能与形式。

足球传入中国已有百余年的历史,但这并不意味着中国足球就得到了高度的发展,也并不代表中国完全理解了现代足球发展的内涵。当前中国足球的基础还十分薄弱,与足球强国相比还存在着较大的差距,因此我们要避免盲目乐观与大跃进式的急躁冒进,要按部就班地发展。

当今,西方主导着现代足球的发展方向。中国足球参与其中,也会获得相应的发展和进步。在当今文明多元竞争与融合的平台下,各国足球获得了一个展示本国文明元素的机遇,中国的改革开放与中国足球的职业化改革要抓住这一契机和机遇,实现"创造性转化",不断推动中国足球的改革与发展。

（三）以对话为胸襟学习世界文明优秀成果

中国足球在发展的过程中经历了不同的对话阶段,在各个时期都呈现出不同的发展形态。通过与世界的对话与联系,深化了关于现代足球与世界文明的内涵的认识,我们应坚持这一方向,推动中国足球在新时代背景下的快速、健康发展。

足球强国之间的对话能促进彼此间的竞争发展,而足球弱国在与足球强国的对话中也能实现内在的转化,促进自身的健康发展。欧洲足球强队云集,交流非常频繁;在亚洲,日本足球"选择吸收、以我为主、紧跟主流",

也最终实现了"创造性转化"。但在我国,中国足球的对话层次与程度依然存在多种局限,在技术与制度层面交流的相对较多,但在文化思想方面却显得不足。传统的体制难以适应新时代背景下足球运动的发展,因此在新时期我们要不断加强与世界足球强国之间的联系,展开各方面的对话与交流,转变旧观念,革新新思想,力争更好地推动中国足球的健康发展。

（四）以和谐社会为导向达成社会共识与整合

中国足球的振兴是一个社会系统工程,其发展要与社会发生密切的联系,不能孤立的发展。这个系统工程要以和谐社会为导向来整合大众,来形成共识。在这样的背景下,整个社会就会形成较强的凝聚力和向心力的,从而为实现中国足球的振兴奠定一定的社会基础。

以社会主义核心价值观统领大众观念意识,实现社会共识,促进中国足球在社会上的广泛发展,需要注意以下两个方面。

第一,体育总局、中国足协等上层领导要在足球运动中自觉实践社会主义核心价值观的精神与内涵,在意识形态上要鲜明反映社会主义核心价值观的时代内容,引领中国足球向着正确的方向发展;采取一切可能的措施和手段调动全社会关注与参与足球运动。

第二,以市场化、社会化为准绳大力开展足球运动,在社会上形成学习足球的广泛的凝聚力与活力,为中国足球的发展奠定良好的群众基础。

另外,需要注意的是,和谐社会要求和谐体制相匹配,我国的足球管理体制受制于集权体制传统根深蒂固,在很大程度上制约和束缚了足球运动的市场化发展及社会化改革。因此,改革现有的体制是必需的,现代足球的和谐体制可从行政管理的权力均衡化、社会管理的公共选择两方面入手,与社会改革相适应、相协调。

（五）大力推进体制创新

当前,中国足球的发展难以令人满意,这不仅表现在球队成绩上,还表现在发展环境、足球体制等方面。体制对于一个国家足球的长远发展至关重要,可以说,没有体制的根本变革中国足球就没有希望。体制是中国足球改革的根本体制环境与框架,中国足球需要改变不利于其自身发展的旧体制,在制度安排、制度结构、制度变迁等方面做好变革的准备。

在当前社会主义市场经济发展的背景下,体制的改革与创新成为推动社会发展的关键因素,在足球运动中也是如此。在当前社会背景下,创新已成为一个国家或民族发展和进步的灵魂,它已经凝炼成一种民族创新意识与共识。转化到足球改革中,就是要大力推进举国体制的创新突破,要敢于触碰固化的利益结构,要敢于冲击僵化的制度结构,这样中国足球的发展才有希望。

二、中国足球改革的重大举措

在中国足球发展的过程中,要发动一切可能的力量为中国足球营造一个良好的氛围。总体来看,可以采用以下措施和手段。

(一)充分发挥政府的作用

政府主导的由上而下的渐进改革是中国制度改革的路径依赖,中国足球职业化改革是基于这样的前提展开的,未来的深化改革依然要依赖这样的路径。

中国足球在改革与发展的过程中,会涉及一些重大问题,在这样的情况下,必须要依靠政府的帮助。一是体育与教育体制相结合,关系到足球后备人才培养体系与竞赛体系的优化整合,两个部门不可能自动整合,外部的合作是非常有限的,现实表明存在着严重的制度摩擦。二是进行体育体制的自我改革,由管制型政府向服务型政府转变,全能政府向有限政府转变,部门政府向公共政府转变,集权行政向分权行政转变,行政管理向公共管理转变。这些都是重大现实利益的分割,没有强制性外力介入,相关部门的自我改革是难以预期的。三是行业管理的法治建构,新时期中国体育及职业体育在社会中的法律地位与解读,运行过程中的法治监管与司法介入,体育主管部门没有这个权限,必须要有政府的帮助才能完成。

发展到现在,中国足球的职业化发展已有 25 个年头,通过这一段时期的发展,中国足球已然培养了一定的诱致变迁因子与能量,固然它们的力量是有限的,不可能主导制度变迁。但它们提供了制度创新的诱致因子与初始能量,如市场化的足球俱乐部与足球赛事、社会化的群团组织、去行政化的社会实体(中国足协)、公共化的舆论监督等。为力求这些方面更好地发展,需要政府提供必要的制度供给,以为中国足球的健康发展提供重要的制度保障。

(二)加强足球管理体制改革

当前,我国足球管理体制很不健全,还存在诸多的弊端。为促进中国足球的发展,必须要管办分离,所谓管办分离中的"管"是指管理足球项目,"办"是指承办足球活动的开展与运作,前者的职责是制定游戏规则推动足球运动开展实现政绩要求,后者的职责是搞好足球活动并从足球活动中实现竞技效应、经济效应与社会效应。这两类事情从概念上是很好分开的，国际上足球发达国家均实现这样的基本要求。中国足球管理体制脱胎于社会主义计划经济与苏联模式的集权行政体制，管办分离意味着利益重大调整甚至重大利益的分割，这样的管办分离要实现非常艰难。然而，在市场化背景下，"管办不分"的情况非常常见，这种现状对于中国足球的发展非常不利。为实现管办分离的目标需要做到以下几个方面。

1. 坚持简政放权

随着社会的不断发展，简政放权为导向的管办分离逐渐成为解脱当前管理体制弊端的基本共识。简政放权，化解一元体制建设与中国和谐社会相协调的和谐体制，管理体制要体现权力的均衡化与公共选择的大众化，明确这样的导向有利于识别管办分离的异化与伪装，才能对改革成效作出基本判断。

2. 管办分离是改革攻坚的难点

第一是"分而不离"，足球管理中心离不开体育总局，足球协会离不开管理中心，职业联赛以及各类赛事离不开足球协会，等等，反而形成了机构臃肿。第二是"分不是为了离"，基于制度非中性，由体育总局自身推行的管办分离，存在着明显的部门利益保守化。现行管办分离的一系列举措，如成立足球协会、中超公司、联赛理事会、联赛委员会、校园足球办公室等，严格意义上这些举措都是利益机制的变异延伸，是有意的制度扭曲。这样一个过程，让大家看到，中国足球管理体制有自我完善的一个方面，也看到制度闭锁的另一个方面。要打破僵局实现制度变迁的动力转化，管理体制必须要有"改革攻坚"才有创新局面，要不断加强足球制度的革新与完善，为中国足球的可持续发展提供重要的制度保障。

3. 坚持专业化建设

坚持中国足球的专业化建设，就是要由专门的机构管理中超联赛，而足协则只进行宏观上的管理，以及负责国家级球队的管理等，其余的事情，全部交由由专业人士组成的"中超联赛管理委员会"去协调、经营、管理、运作。我们需要的是一个基本上与足协脱钩的"中超联赛管理委员会"，而不是一个依然依附于足协"屋檐下"的傀儡，这对未来中超的打造与建构有着极为重要的意义。中国足球的领导体制存在四种陷阱，即金牌领导陷阱、设足球局陷阱、小中心大协会陷阱、渐进改革陷阱。从不同侧面描述了一个专业性技术组织异化为行政化官僚机构的种种弊端。非专业的领导集体导致足球管理中创新过度与创新不足相互负面强化、转换，形成足球改革的乱象与怪象。不难看出，那些走马灯式的行政官员，留下的是冠冕堂皇式的政绩折腾，让中国足球元气大伤；留下的是涸泽而渔式的人才培养模式，让中国足球人才根本性断层；留下的是巧立名目的权力寻租，让中国足协管理机制性溃滥。也不难看出，在中国足协的贪腐窝案中，许多足协高官在利益诱惑面前缺失起码的专业情感与良心。遗憾的是，这个认识并没有得到足够的重视，趋势并没有得到有效的抑制。现代化研究表明，知识化是"二次现代化"的最突出特征，专业化是这个机构组织知识化的基本要求。它是专业运动经历、专业知识、专业情感、专业信息的综合体现。政治现代化趋势表明，也只有这样的专业组织，才有可能实现中国足球运行管理的权力机制均衡化、行政机制的公共化、信息机制对称化。这样对于中国足球的可持续发展具有重要的意义。

4. 坚持机构精简

可以说，机构精简是判别管办分离的简化标准，机构精简需要做到以下两个方面。第一，改革是否到位与机构精简可以相互印证。机构精简了，机构之间多余的人或事，交叉混乱的人与事就分离出来了。第二，不排斥新机构的成立与诞生，如职业联盟、校园足球办公室或校园足球联盟，合理的分化正是促进机构精简的。

（三）以市场化为导向

中国足球职业化发展已历经20多个年头，在这一段时期的发展中逐渐明确了足球运动市场化、社会化的发展方向。足球强国的发展经验表明，高度市场化的职业足球以"足球德比"为基本特征，如伦敦、纽约、东京的职业足球集中化的城市德比，是城市现代化、市场要素集约化的基本要求，是城市与社会软、硬实力的集成体现。我国职业足球区位布局脱胎于计划经济时代，现在依然保持着这种基本格局，但是，上海、广州等城市，已走过了足球德比难以生存的困难时期，出现了职业足球重新组合、相对集中化的趋势，根据我国地域广大、区位不平衡的特征，足球德比可以直接以当前基础较好的重点城市为依托如上海、广州、京津地区，也可以形成以长三角、珠三角、环渤海湾为重点的城市圈德比。其他城市作为呼应，职业足球生存发展主要由市场来决定，地方政府减少或退出强力干预。总之，在中国足球职业化发展的过程中要始终坚持以市场为导向，推动中国足球的长远发展。

（四）加强足球人才培养体制改革

当前,我国足球体制很不健全,在各方面都存在着较大的不足。除了足球管理体制外,在人才培养体制方面也存在着较大的弊端。在这样的背景下,我国足球人才严重断档,足球人口急剧萎缩。随着足球运动的不断发展,人们逐渐认识到素质教育才是人才培养的根本出路,也认识到脱离教育的体育是没有前途的,这正是中国体育人才断档的根本原因。多年来,体教结合成为建构新型竞技体育人才培养体系的基本理念,的的确确,体教结合从理念上是先进的,从理论上是近乎完美的。但大量的实践表明,体教结合依然还只是"镜中花,水中月"。早些年中国青少年球队还能在国际比赛中取得不错的成绩为中国足球保留一些希望,现在中国国家足球队各年龄段在国际比赛中全面崩溃,足以说明中国足球出现了严重的人才断档情况。

当前,体教结合这一制度难以执行,其原因主要有三个方面。一是举国体制在制度框架上的封闭孤立。把举国体制圈定在体育领域内特别是竞技体育领域,以举国体制为中国体育的最大特色,那么体育举国体制则孤立于其他国家体制,如教育体制、文化体制,这非常不利于中国足球的发展。二是素质教育与应试教育在认识上的误读。人们对于素质教育与应试教育更多地从内容上进行区分,而不是教育方式上的理解,于是文化学习与才艺学习受到追捧,体育受到冷落,足球更是难以获得健康的发展。三是制度分割在程度上的强化与在认识上的肤浅。很长一段时间以来,我国就存在着体育与教育的体制分割,体育与教育各自独立发展壮大,相互之间的沟壑非常明显。而制度分割则意味着利益分化与冲突,没有制度创新是不可能有真正意义上的体教结合,因此这一体制的执行就难以顺利地进行下去。

在足球后备人才培养方面,"足球学校"曾经成为一个热点,但经过很长一段时间的发展,学校足球的开展不温不火,并没有获得突破式进展。近年来,我国又制定与颁布了一系列有利于校园足球发展的政策与文件,这为校园足球活动的开展又提供了一个良好的契机。校园足球活动的开展应从以下方面进行:第一,教育与体育从战略高度上的结合,全国校园足球活动的推进体现了这种趋势,但由体育部门来主导,教育部门只是协同角色,这个结合的主导地位要转换过来,由教育部门主导、体育部门协助。不同的是,教育体制主导的校园足球,尽管竞技成绩一时难显,但落实了多数人的教育权利与解除了青少年成长与家庭投资风险。反过来,体育体制主导的校园足球,不仅没能保证竞技水平,并且忽视了青少年的教育权利与成长风险。一项制度如果不能替老百姓切身利益着想,老百姓势必用脚来投票。眼下各种学校以及以教育为名的各种培训异常火爆而体育招生与培训备受冷落。由此可见,独生子女不是问题,关键是制度导向,即利益导向。第二,教育部门成立校园足球联盟或校园足球办公室,全面领导全国校园足球活动,中国足协有必要保留校园足球办公室但是技术辅助性的。第三,当前国家对于校园足球的拨款是每年有 5600 万,来自足球彩票,全部或主体上也要拨付于教育部门主管。每年的体育事业经费中还有许多本来是要保障青少年足球或群众足球的,也要进行财政重新调配。这些都是实实在在的利益触碰。全国校园足球活动是一个难得的机遇,能不能打开局面非常关键,校园足球只有成功了,一个新型的人才培养体系的骨架才得以确立,多元化人才培养体系才有支撑,中国足球的发展才有明天。

第九章 新时代中国校园足球的
改革与发展探索

在新的时代背景下,校园足球运动的发展成为一个重点,国家及领导人都比较重视我国校园足球的发展,制定了一系列文化和措施保障校园足球的正常开展。学校是重要的体育人才培养和输出阵地,加强校园足球的改革与发展具有重要的意义。为厘清当前我国校园足球的发展现状,推动校园足球运动的健康发展,本章对校园足球的改革与发展进行细致的研究与分析。

第一节 我国校园足球的发展现状与存在问题分析

近些年来,我国政府及领导人都比较重视校园足球的发展,可以说校园足球的发展前景非常可观。但目前总体来看,我国校园足球不论是在基础设施建设、师资力量培养,还是教学训练方面都存在不少问题,这严重制约着我国校园足球的发展。本节就对这些问题做出重点研究与分析。

一、我国校园足球的发展现状

(一)校园足球运动开展的硬件设施现状

对于任何一项运动项目来说,硬件设施都是尤为重要的内容。为保证校园足球运动的顺利发展,必须要加强足球场地的建设。一般来说,足球运动对教学硬件设施的要求还是比较高的,如果足球场地、器材设备等不合格,将对足球教学与训练活动的开展产生不良影响。另外,不良的足球场地也容易导致运动损伤,不利于青少年的身体健康发展。

近些年来,为推动我国校园足球的进一步发展,国家体育总局不仅在政策方面给予了必要的支持,同时也加大了资金投入用于基础设施方面的建设,这为学生参加足球运动提供了良好的物质保障。尽管如此,从全国范围来看,当前我国学校的足球场地还存在着比较缺乏的情况。

1. 校园足球场地现状

当前,在全国范围内,我国各级学校普遍存在着足球训练场地缺乏的情况,尤其是在经济发展水平不高的地区。这一部分学校的足球场地都比较有限,甚至没有正规标准的足球场地,这一情况是比较常见的。我国各省市的大部分中小学的足球训练场地大都与其他运动设施相混合,足球器材与设备也相对比较陈旧,没有及时更新,缺乏必要的维护,这种状况令人担忧。

从全国范围来看,当前我国仅有很少的学校拥有标准的专业的足球场地。据粗略统计,北京市有接近 100 个足球场地是对外开放的,其中大部分都属于高校,中小学仅占很小的一部分。广州市的足球场地也存在同样的情况。当然,导致这一现状的原因是多方面的,出于安全因素考虑,中小学足球场地对外开放率较低,这可以理解。通常来说,在某一地区土地资源是比较有限的,资金来源还存在一定问题,因此新建或扩建足球场地就存在着较大的阻力。与一般的体育场地的建设不同,专业足球场地的建设需要耗费大量的财力与物力,还存在着与之配套的建设方面的问题,因此校园足球场地的建设不是那么容易的一件事情。当前,我国有很多学校的足球场地不能满足广大师生的教学与训练需求,足球场地短缺成为制约和影响我国校园足球发展的重要因素之一。

2. 校园足球器材与设施现状

在足球基础设施建设方面,当前我国校园足球的器材利用和建设也存在一定的问题。据调查,目前我国大部分学校的足球训练器材还是比较完善的,能满足绝大多数学生的足球运动需求,这有效保障了足球课的顺利进行。

尽管我国校园足球在器材与设施建设方面的情况比较良好,但要进一步推动我国校园足球的发展,继续加大校园足球的器材与设施建设还是十分有必要的。加强校园足球的器材与设施建设要做到以下两个方面的要求。一方面,学校部门领导及教师要积极革新传统的思想观念,与时俱进,不断完善校园足球器材与设施建设。另一方面,加大资金投入,引进高科技训练设备与仪器以提高学生的足球运动水平,为中国足球挖掘与培养出高质量的足球后备人才。

(二)校园足球运动开展的师资力量现状

与国外相比,我国校园足球的发展时间较晚,在很长一段时期内都处于较为落后的局面。除了以上提到的足球场地比较匮乏外,师资力量也比较欠缺。这非常不利于我国足球后备人才的培养与发展。因此,加强校园足球的师资力量建设理应受到重视。下面重点分析当前我国校园足球师资力量的建设情况。

1. 师资力量的来源

足球作为世界第一大运动,深受青少年的欢迎和喜爱,在学校中选修足球课程的学生非常多,有着良好的学生基础。但与之形成鲜明对比的是,当前我国校园足球的师资力量却没有得到同步的发展,很多学校欠缺选拔足球教师的机制,没有按照学校的实际情况进行足球教师的选拔与培养,这对于校园足球的健康发展是非常不利的。当前,我国校园足球师资力量的来源主要有以下三个方面。

(1)体育院校与师范类体育专业学生

据调查,目前我国校园足球教师绝大部分都来自体育院校与师范类体育专业的毕业生。这些足球教师在学生时期通常都参加过很多的足球训练与竞赛活动,足球理论知识比较丰富,技术水平也较高,但欠缺一定的教学经验。

另据调查,在我国校园足球试点学校,虽然对足球教师进行了单独的设置,提升了教师的入职门槛,但也有很多足球教师并非来自足球专业,这一部分教师并没有受到过专业的足球培训,无论是足球知识还是足球技能都相对较为欠缺,这对于我国校园足球的发展是十分不利的。

(2)足球俱乐部的教练员或运动员(退役)

在一些学校中,足球教师来自足球俱乐部的教练员或者退役运动员,这一类足球教师拥有非常丰富的实践经验和高超的运动技能,他们主要负责学校的足球训练与比赛的指导工作。他们可以通过运用自身丰富的足球训练以及比赛的经验为学生提供良好的指导,能帮助学生有效提高足球运动技能。

选聘俱乐部教练员以及退役运动员成为我国很多学校发展足球运动的重要手段,不仅在中小学中得到了推广,在高校中也越来越常见。但需要注意的是这一部分退役运动员和教练员数量也是非常有限的,不可能涵盖到绝大多数学校。

(3)高校足球队的运动员和相关体育专业的学生

高校足球队运动员及体育专业学生也是我国校园足球师资的重要来源之一。这一部分师资通常参加过大量的训练和比赛,对足球文化内涵及运动技巧的理解比较透彻,同时具有一定的足球创新意识与能力,能灵活处理足球训练或比赛中的各种问题。但是,这一部分足球师资通常文化课水平比较欠缺,学历水平也较低,不能获得相关资格证书,导致很多技能水平较高的运动员不能够加入到足球教师队伍当中。

2. 师资力量的年龄结构

足球教师的年龄结构能在一定程度上反映其教学经验和教学水平,同时也能在一定程度上反映师资队伍的合理与否。通常来说,年龄较大的足球教师普遍拥有丰富的教学经验,他们都能很好地掌握学生的个性特征和运动水平,并以此为依据制定合理的教学方案。但是,这一部分足球教师参与足球实践活动较少,对足球技战术缺乏深刻的了解,也不能与时俱进地看问题,同时与学生也缺乏必要的沟通,师生之间的交流存在一定问题,这对于校园足球教学质量的提高是非常不利的。

而对于那些即将毕业或刚毕业的学生而言,他们在校期间都接受过非常系统的足球教育,足球理论知识比较扎实和丰富,也具备一定的足球运动水平,与学生年龄相差不大,便于沟通与交流,能深入学生中与学生打成一片,能形成良好的足球教学氛围。但是这部分足球教师通常比较欠缺教学经验,有时候选择的教学内容与方法会脱离学生实际,这一点需要引起重视。

因此,为促进我国校园足球运动的健康发展,必须要建立一个合理的师资结构,要恰当地安排不同年龄的足球教师的比例,充分发挥各年龄段师资的优势,推动我国校园足球运动的健康发展。

3. 师资力量的学历水平

学历水平也是衡量足球教师知识水平与教学能力的一项重要指标。通常情况下,一名足球教师的学历水平越高,其知识水平、科研能力和教学能力就越高。因此师资学历水平也是衡量足球师资队伍结构的重要标准。目前,我国校园足球活动的开展非常广泛,校园足球布局城市的中小学足球师资不断增长,这说明我国校园足球的改革与发展初见成效。

据调查,我国大部分中小学足球教师的学历都为本科以上,这一学历水平还是比较令人满意的。但据进一步调查后发现,虽然大部分足球教师都具有本科学历,但他们大都来自体育学院与师范类体育专业,其中有很多教师并没有接受过专业的足球训练,他们没有足够的足球教学与科研能力。在这样的情况下,我国校园足球运动的发展受到了较大的制约和限制。

4. 足球教师职称

足球教师的职称也能在一定程度上反映其教学能力和科研水平,同时也能反映出学校足球师资的专业素养及师资结构是否合理。

据调查,我国中小学足球教师的职称结构一般都比较低,大多都是初级职称,高级职称的师资所占比例非常小。导致这一情况的原因在于很多学校领导并没有认识到校园足球运动的重要性,只重视学生的升学率,认为足球教学并不重要。受这种观念的影响,与一般的文化课教师相比,足球师资的职称总是处于较低水平。这严重打击了足球教师教学的积极性,使他们创新的积极性受阻,这对于我国足球后备人才的培养是非常不利的。

除此之外,我国当前的足球教师职称评定标准也存在一些不合理的地方,能评得上高级职称的足球教师少之又少。职称对于足球教师的未来发展而言具有非常重要的意义,它会直接影响到教师的经济收入和生活质量。因此,为保证校园足球运动的健康发展,学校领导理应重视足球教师职称的评定,改革职称评定不合理的地方,挖掘具有发展潜力的青年足球教师,提高他们工作的积极性,促进我国校园足球的发展。

(三)校园足球运动教学现状

足球运动具有较强的健身和娱乐特性,因此深受学生的欢迎和喜爱,在学校中有着广泛的学生基础。虽然近些年来我国加大了校园足球的改革力度,促进了校园足球一定程度的发展,但总体来看在教学中还存在不少问题。

1. 教学目标不合理

教学目标设置的合理与否将直接影响到足球教学的发展方向和进程。当前我国绝大多数学校都比较重视阶段教学目标,忽视学生的终身体育教育。另外在足球教学目标中也没有详细的说明,导致学生不清楚如何实现教学目标。与此同时,学校足球教学目标的指标性描述也存在不足,判断足球教学任务的标准不明确,不能很好地指导足球教学工作。

在学校足球教学中,大部分学校都将教学目标的设置分为理论知识、运动技能、竞赛规则等几个部分,然而关于教学目标的实现没有一个明确的量化标准,导致教学目标只是流于形式,至于教学目标是否实现或者实现到何种程度并没有一个客观的评断标准。

2. 教学内容与对象不符

总地来看,学校足球教学内容与教学对象不符主要体现在以下三个方面。

(1)足球技术教学是重点教学内容。这一内容主要是帮助学生学习和掌握基本的足球技术,提高运动技术水平的同时,养成终身体育的观念与意识。但是足球技术动作相对复杂,很难在短时间内完成教学任务,对于学生的学习是非常不利的。

(2)在学校足球教学实践中,足球教师通常是先讲技术,再讲战术,这两部分单独进行讲解。这种教学顺序的安排还是比较合理的,遵循了先易后难、循序渐进的基本原则。但是,足球技术与战术是密切联系在一起的,二者不能分割,这种单独教学的方式不能直观地体现二者的联系,无法体现足球比赛的实际,因此这种教学安排需要进一步改进。

(3)当前,很多学校的足球课教学内容大都照搬竞技足球的训练内容,缺乏健身性和娱乐性,导致学生失去了学习的兴趣。这不仅不利于学生足球水平的提升,也不利于学生终身体育意识的培养。因此需要进一步改进教学内容,创新教学手段与方法,激发学生学习的积极性。

3. 教学方法比较陈旧

目前,我国校园足球的创新动力不足,教学方法较为传统和陈旧,欠缺现代创新的教学方法是其中一个重要的表现。在单一死板的传统教学条件下,教师与学生都难以激发学习的兴趣,不利于主观能动性的发挥,在这样的情况下难以提高教学质量。在传统教学模式下,教师普遍缺乏创新的动机,难以结合足球教学实际创新出有效的教学方法。另外,教师为了尽快完成教学任务,常常忽略了学生的个性差异,采用"一刀切"的教学方法,这不利于学生的发展。现阶段,随着科学技术的不断发展,虽然出现了大量的电教手段,但受客观因素的影响,仅有一部分学校偶尔使用这些先进的教学手段。如多媒体教室优先在文化课中使用;足球教学课件的制作比较烦琐,一般的足球教师难以掌握;这也是先进教学手段难以在足球教学中得到运用的主要原因之一。

4. 课余训练不足

当前,我国学校足球教学还存在课余训练不足的情况。大部分学校的足球教学与课余训练之间的关系较为松散。绝大多数教师和学生都没有认识到课余训练的重要性,他们普遍认为课余训练对于提高足球技术水平没有太大的帮助。学生足球教学任务仅仅在课堂上实现,对于一些足球基础较差的学生而言,是难以在课堂上完成教学目标的,如果缺乏课余训练就难以提高自己的足球运动水平。

(四)校园足球运动训练现状

1.训练时间不足

与一般的竞技足球训练相比,校园足球训练的要求没有那么严格,训练的时间、强度等要求都比较低。但尽管如此,目前我国校园足球教学中,学生参与足球训练的时间也是不足的。文化课在学生日常学习中占据着非常大的比例,这导致足球训练的时间严重不足,这不利于足球教学质量的提高。目前我国大部分学校的足球课训练时间与内容缺少统一、详细的规定,学生难以在有限的时间里完成训练任务,这对于学生足球运动水平的提高是非常不利的。

2.训练次数有限

据调查,目前我国绝大多数校园足球的训练次数都存在比较欠缺的情况,很多学校每周足球训练的次数不超过 5 次,学生在这样短的时间里是难以有效提高自己的足球运动水平的。导致这一现状的原因在于一直存在着的学训矛盾。受学业压力的影响,文化课始终是重中之重,如何在保证学生文化课学习的前提下适当增加足球训练课的时间与次数是一个需要解决的问题。

3.训练不够系统

大多数学生在经过一定时期的足球教学与锻炼后,逐渐形成了自己的技术风格与特点。在这一基础上,教师应重点引导学生进行足球技术与战术的结合训练,培养和提高学生的足球意识,同时强调团队配合的重要性。只有发挥集体的力量才能取得理想的比赛成绩。因此在足球教学中要加强技术、战术、意识等各方面的系统训练。这一方面也是当前我国学校足球教学比较欠缺的。

4.体能训练不足

目前,在我国校园足球训练体系中,技术与战术占据着较大的比例,体能素质训练仅占很小的一部分。而体能是学生参加足球运动教学与训练的重要基础,因此理应受到重视。

在足球比赛中,如果运动员没有一个良好的身体素质是很难完成比赛的。这就需要足球教师和学生要高度重视体能训练,要采取各种措施和手段提升学生的体能素质。

每一名学生都是不同的,他们在技战术水平方面存在着一定的差距,也存在着一定的差异,这除了学生个人原因外,还与学校或足球教师不重视学生的体能训练有关,导致学生的技战术与体能素质没有获得同步发展。

5. 缺乏足球意识的培养

学生要想提高自己的足球技术水平,除了具备基本的体能素质外,还要具有良好的足球意识,因此加强学生的足球意识培养也是非常重要的。但是据调查发现,目前我国绝大多数学校的足球教师都没有意识到足球意识培养的重要性,仅仅只重视足球技战术的教学与训练,如果学生没有一个良好的足球意识是很难获得健康发展的。

另外,需要注意的是,足球运动员的培养是一个长久的过程,学校作为足球人才培养与输出的重要阵地,承担着挖掘和选拔足球后备人才的重要任务,因此足球教师一定要在平时的教学中加强学生运动员的全方面训练,将学生的体能、心理、技战术、足球意识等结合起来进行训练,这样才能有效提高学生的足球运动水平,也有利于促进我国校园足球运动的发展。

(五)足球理论研究比较落后

据调查,当前我国校园足球的理论体系建设还较为落后,欠缺足球理论方面的研究,这对于我国校园足球运动的发展是非常不利的。

总地来看,当前我国校园足球理论研究大都集中在发展现状、常见问题、发展对策、足球竞赛等几个方面,而关于这几个方面的研究也不够深入和具体。关于足球理论研究的论文和专著相对较少,质量也有所欠缺。很多关于足球理论的研究都比较雷同,泛泛而谈,大多是为了应付职称的评定,这种情况需要得到改观。

二、我国校园足球发展中存在的问题

(一)对开展校园足球运动的认识不足

据相关调查发现,当前我国开展校园足球运动的比率还非常低,其主要原因主要体现在以下方面:第一,我国各地经济水平存在着较大的差异,社会各界人士对校园足球的认识不足,没有深刻意识到校园足球的价值与意义等;第二,足球运动的运动强度较高,在比赛中常会发生各种身体的对抗,有时会出现一定的运动损伤,如果处理不当就会影响学生的正常学习;第三,我国很多学校没有明确校园足球的基本目标,是提高学生的身体健康水平,还是培养足球后备人才,在这两个方面摇摆不定。

受对校园足球认识不足的制约和影响,很长一段时间以来,文化课一直在学校中占据着举足轻重的地位,体育在学校教育中的地位非常低,绝大多数学校只重视升学率,为了实现提高升学率的目标,经常占用体育课的时间来学习文化课程。这使得校园足球难以获得良好的发展。

(二)资金投入不足

为促进我国校园足球运动的健康发展,我国政府部门近些年来加大了对校园足球的资金投入。但需要注意的是,我国是一个人口大国,这部分资金还非常有限,仅仅能起到引导、奖励、资助及保障的作用。政府用于发展校园足球运动的资金不足仍然是当前制约我国校园足球发展的重要因素。

目前,在校园足球建设的资金投入方面,足球场地的投入问题是一个最为严峻的问题。校园足球场地建设资金非常短缺,仅仅依靠国家体育总局和中国足球协会的投入资金是无法解决足球场地建设问题的。可以说,校园足球的发展离不开举国之力,只有全国各省市地区协同配合,才能为校园足球的健康发展提供良好的保障。

(三)政策保障不足

在校园足球发展的制度建设方面,近些年来我国出台和发布了一系列政策与文件,然而这些政策和文件无法得到有效的贯彻和落实。受此影响,我国校园足球的发展难以获得良好的制度保障。当前,我国校园足球教练员的工资补助、准入要求、教练员培训等方面都没有一个良好的制度保障。体教部门之间的关系也出现不和谐的因素,这非常影响校园足球的发展。

为推动我国校园足球的发展,国家体育总局和教育部发起了校园足球的宣传与推广活动,鼓励地方各级政府及相关部门加大校园足球运动的发展。但是现实存在的一个情况是,地方体育局和教育局分属于两个独立的部门,二者没有交集,欠缺默契与合作,难以为校园足球的发展提供大的帮助。一般情况下,教育部门负责管理学校体育,体育部门负责管理竞技体育,校园足球需要这两个独立的主管机构团结协作,发挥合力,才能实现发展的目标。而当前则没有形成一个良好的合作机制,无法推动校园足球快速健康的发展。因此说,政策保障不足是制约和影响校园足球发展的一个重要因素。

（四）教育部门与体育部门之间的关系协调问题

在我国校园足球发展的过程中，体教部门常会出现一定的冲突与矛盾，这严重影响着校园足球运动的健康开展。这突出体现在以下两个方面。

一方面，体教两个部门分属于不同的系统，二者较为独立且欠缺必要的沟通，在这样的条件下，这两个部门常会出现各种矛盾与问题。受升学率的影响，体育课的时间受到压制，足球比赛的安排也非常少，导致学生很难通过参加比赛来提高自己的足球技战术水平。

另一方面，学校中还出现了足球老师和教练员职称分属不同序列的现象，这对于学校师资是一个极大的浪费，不利于校园足球人才的培养，也制约着校园足球运动的正常发展。

除此之外，由于在校园中组织开展的足球比赛较少，学生难以在比赛中提高自己的运动技能。这一问题是很长一段时间以来一直存在的，要想解决这一问题，需要学校各个部门的通力合作，需要社会各方面力量的集体参与才能完成。

（五）校园足球受关注度较低

大量的事实表明，要想推动我国校园足球的发展需要借助社会各方面的集体力量，需要社会及学校各个部门的通力合作。当前我国校园足球发展的过程中，体教部门欠缺合作，对于校园足球的发展不利，但并不是说只要这两个部门参与合作了就能解决这一问题。为推动校园足球的持续健康发展，还需要从根本上加强人们对于校园足球的认识，提升校园足球的关注度，将青少年校园足球融入整个社会系统之中。这样才能推动校园足球的可持续发展。

第二节　我国校园足球的改革之路

一、我国校园足球改革的背景

2014 年 7 月，为推动我国校园足球的发展，教育部制定和发布了新的校园足球改革方案，这一改革方案的主要目的在于扭转当前我国校园足球的发展现状，实现突破式发展。方案中提出，要采取一切可以利用的措施和手段实施校园足球中长期发展规划，合理布局小学、中学和大学定点学校,努力扩充校园足球定点学校。另外,还要有秩序地开展校园足球联赛,逐步建立和形成一个小学、初中、高中和大学四级足球联赛发展的机制,培养大量的高质量的足球后备人才。

2015 年 2 月 27 日,我国政府又发布了《中国足球改革发展总体方案》(以下简称《方案》)。该《方案》提出了"三步走"的足球发展战略,这三步走的战略具体分为三个目标:即近期目标、中期目标和远期目标。

近期目标:理顺足球管理体制,制定足球中长期发展规划,创新中国特色足球管理模式。

中期目标:实现青少年足球人口大幅增加,职业联赛组织和竞赛水平达到亚洲一流,国家男足跻身亚洲前列,女足重返世界一流强队行列。

远期目标:中国成功申办世界杯足球赛,男足打进世界杯、进入奥运会。

以上三个目标的实现需要我国政府、社会、学校各个部门的通力合作才能实现。该《方案》对我国校园足球的发展给予了厚望,主张借鉴和参考其他国家的先进经验,并结合我国的具体实际走独具中国特色的校园足球发展之路。

二、我国校园足球改革的动力

(一)国家政策的支持

我国校园足球的改革与发展离不开国家政策的大力支持。政策具有重要的导向功能,自 2009 年以来,我国政府相关部门陆续出台了一系列关于校园足球发展的重要文件(表 9-1)[①]。这为我国校园足球运动的发展提供了良好的制度保障。校园足球在改革与发展的过程中,可以以这些制度为导向,避免走弯路。

表 9-1　我国有关校园足球发展的重要文件(不完全统计)

文件名称	颁发部门	发布时间
中国青少年校园足球发展规划纲要(2015 年—2020 年)	教育部、体育总局	2015 年
中国足球改革发展总体方案	国务院办公厅	2015 年

---

① 张华影.校园足球发展的动力及其耦合机制研究[J].南京体育学院学报,2016(01).

文件名称	颁发部门	发布时间
关于加快发展体育产业促进体育消费的若干意见	国务院	2014 年
关于加强全国青少年校园足球工作的意见	国家体育总局、教育部	2013 年
关于开展全国青少年校园足球活动的通知	国家体育总局、教育部	2009 年

（二）振兴足球人才培养的需要

自 1994 年中国足球走上职业化道路，至今已有 25 个年头。在中国足球职业联赛发展的过程中，既有成功的喜悦，又要失败的沮丧。但不管怎样，目前我国职业足球联赛的发展已到了一个非常重要的阶段，在世界范围内的影响力逐步加大。如大量的优秀足球教练员前来执教，大批知名的足球运动员被引进到各俱乐部之中。虽然当前我国职业足球俱乐部获得了一定程度的发展，但俱乐部的梯队建设与人才培养的形势却并不乐观，还没有建立和形成一个健全和完善的足球人才培养机制，急需大力发展，从而为我国校园足球的发展提供重要的推动力。

（三）社会力量的支持

"新校园足球"改革方案实施后，社会各个方面都加深了对校园足球的认识与了解，在一定范围内得到了极大的重视，这为我国校园足球的发展提供了良好的契机。当前，我国校园足球在发展的过程中，面临着场地基础设施建设不足、师资力量欠缺、资金投入不足等问题，仅靠国家政府部门的补贴是无法彻底解决的，因此需要借助于社会集体的力量，社会力量的支持也是校园足球改革与发展的重要推动力。

三、我国校园足球改革的趋势

（一）促进校园足球教育意识的转向

要推动我国校园足球运动的进一步发展，革新传统的足球教育意识是非常有必要的，这主要体现在以下两个方面。

一方面，为推动校园足球的发展，要大力挖掘足球运动的优势，充分利用学生对新鲜事物的好奇心理,积极改革教学理念,改善传统的教学模式,吸引大量的学生主动投入到足球教学活动之中,形成浓厚的足球运动氛围。

另一方面,大力宣传与推广足球运动,将足球运动充实到学生的日常学习、生活之中,帮助学生养成自己参与足球运动的习惯和意识,不断提高学生的自学能力、自我锻炼能力。这样才能从根本上促进校园足球的可持续发展。

(二)丰富校园足球文化的传播路径

教育对于整个社会的发展具有深远的影响和意义,这是已被大量的实践证明了的事实。随着现代科学技术的普及与应用,学校教育也正在迈向"互联网＋"的大数据时代。为实现与时俱进式的发展,校园足球也应顺利这一趋势,充分利用各种多媒体手段,开辟校园足球文化传播的路径。总地来看,要充分做好以下两个方面。

一方面,学校体育教育部门要积极引进各种信息化教学手段,加大网络课程建设,发挥在线课程平台的优势。将校园足球活动与网络上的有关专家意见等有机结合起来指导学生学习,以满足学生的各种个性化需求。

另一方面,充分利用各种媒介手段丰富校园足球文化,形成浓厚的校园足球运动氛围。在信息化技术时代,各种互联网形式及 APP 等都可以成为校园足球运动的宣传场地,可以利用各种软件报道班级、年级、专业、院系乃至全校的足球活动,以及各种足球赛事。其目的在于充分激发学生学习与了解足球运动的动力,让校园足球真正成为校园体育文化的重要组成部分。

(三)以竞赛为载体,改进教学内容

在校园足球改革与发展的过程中,除了加强足球教学与训练外,还要以竞赛为载体,构建足球运动发展的教育体系,这是非常重要的内容。在校园足球发展的过程中,应注重足球教育体系中各要素之间的比例,注重足球比赛这一环节。在平时的足球课中,足球教师要有意识地增大足球比赛教学的比重,多采用富有趣味性的教学手段组织学生参与各种足球竞赛活动,以激发学生学习的积极性,提升学生的足球运动技能。

在具体的足球教学操作过程中,教师可以事先制定好足球教学竞赛的形式与内容,增加足球比赛活动环节与内容,重点突出足球比赛教育的价值。在真实的足球比赛环境中,学生能有效增加对战术的理解,掌握足球各种战术并合理的运用,使学生将这些策略较好地运用于竞赛中,了解战

术的特点和优缺点。因此,以竞赛为载体来改进足球教学内容是校园足球未来发展的重要趋势之一。

第三节　我国校园足球的可持续发展战略探索

一、我国校园足球可持续发展战略思想

为推动校园足球运动的健康发展,首先就要拥有正确的指导思想,因为只有正确的指导思想才能明确校园足球的发展方向和道路。可以说,指导思想水平的高低直接体现了一个战略的决策水平高低。在校园足球发展的过程中,要努力提升工作人员的指导思想水平。

一个良好的战略指导思想对于我国校园足球的发展具有重要的意义,良好的战略指导思想要求能大体预测未来校园足球的发展趋势,要求有能推动校园足球可持续发展的基本方案。为推动我国校园足球的健康持续发展,各部门必须要坚持从实际出发,依据当前我国足球运动的整体发展情况,结合各学校的具体实际,确立校园足球发展规划,制定校园足球的可持续发展战略。

目前,我国已经确定了未来校园足球发展的总体战略指导思想,具体为以科学发展观为指导,以对《中共中央国务院关于加强青少年体育增强青少年体质的意见》和《关于开展全国亿万学生阳光体育运动的决定》的贯彻落实为宗旨,以大力对体育强国进行建设为动力,以足球运动发展规律为基础,深入贯彻与实施《关于开展校园足球运动的通知》,以促进学生体质增强、对足球运动进行推广和普及为基本任务(重点在于普及与提高足球运动在学生中的影响力),以"快乐足球"和"回归运动"为基本理念,构建具有中国特色的青少年足球人才培养体系。[①]

二、校园足球可持续发展的战略目标

要想促进我国校园足球的可持续发展,首先就要结合我国校园足球发展的实际制定一个科学合理的战略目标,这一战略目标就是制定可持续发展战略所要实现的效果。校园足球可持续发展战略目标的制定必须要能体现校园足球发展的规律,制定的目标要有预见性、稳定性、现实性、长期性和可行性等特点。

---

① 李继霞.全国青少年校园足球活动发展战略研究[D].上海体育学院,2012.

结合当前我国校园足球发展的具体实际,我们可以从以下两方面入手。

(一)宏观目标

在制定校园足球可持续发展战略的宏观目标时,要充分考虑各种因素,如政治、经济、社会、文化等,除此之外,还要结合我国学校教育的发展现状、整体足球环境等进行综合考量。一些足球发达国家,如英国、西班牙、德国等国的校园足球有着丰富的经验,我们可以拿来利用。

在做好以上准备工作后,我们就可以制定校园足球可持续发展战略的总体目标,即宏观目标。这一目标可以分为以下几个部分。

第一,建立一个适应社会主义市场经济体制、具有中国特色的校园足球培养体系。

第二,建立一个健全和完善的校园足球管理体制和运行机制。

第三,校园足球人口数量不断增加,培养出一大批高素质的足球后备人才。

以上校园足球可持续发展总体目标的确定基本上符合我国的具体国情,对于推动我国足球运动的发展具有重要的意义。通过对这一宏观目标的调查,非常同意这一战略宏观目标的专家占到 40.0%,同意的专家占到 43.3%(表9-2),这两项占总人数的八成以上,这充分说明校园足球发展的这一宏观目标还是比较合理的。

表9-2　专家对校园足球战略宏观目标的认同情况(N=30)[1]

认同情况	人数	比例
非常同意	12	40.0%
同意	13	43.3%
一般	3	10%
不同意	2	6.7%
完全不同意	0	0%
合计	30	100%

(二)具体目标

除了制定校园足球可持续发展的宏观目标外,还要制定一个个小目

---

[1]　李继霞. 全国青少年校园足球活动发展战略研究[D]. 上海体育学院,2012.

标,这些小目标就是具体的目标,否则宏观目标就难以实现。校园足球可持续发展的具体目标将总体目标按照纵向、横向或时序等维度分解成为一个个零散的小目标,然后采取各种措施和手段一步步的实现。

结合当前我国校园足球发展的现状,可将其具体目标分为以下几个部分。

1. 建立系统、规范、科学的校园足球管理体制

要保证校园足球健康持续发展,就需要建立一套系统、规范、科学的管理体制。这一体制必须要与我国社会主义市场经济体制相适应,并且还要符合校园足球发展的基本规律。另外,还要能保证我国各级政府的主导作用的发挥,明确各部门的职责,协调校园足球发展的运行机制,使校园足球在各方面都能得到相应的支持和保障。

2. 形成合理高效的资源配置方式

校园足球的健康发展需要各个方面的密切配合,如足球场地与设施、足球专项资金、足球教练员、足球管理人员等。以上这些资源仅仅依靠学校提供是不行的,需要不断拓宽来源渠道,在政府拨付的基础上,积极吸引社会力量,如企业赞助等为校园足球提供充足的保障。据调查,当前我国校园足球可利用的资源比较有限。如何高效利用这些资源,积极拓宽来源渠道成为一个重要的研究课题。

虽然我国早已进入了社会主义市场经济发展的时期,市场经济成为社会发展的主流,但校园足球在发展的过程中,校园足球在资源配置的过程中仍然离不开政府的宏观调控,政府宏观调控与市场经济相结合才能更好地推动校园足球的发展。在当前社会主义市场经济体制下,要想促进我国校园足球的可持续发展,就需要大力挖掘与发挥社会和市场的力量,不断加强体育体制的改革与创新,这是校园足球实现可持续发展的重要基础。

3. 扩大校园足球参与人口

校园足球的可持续发展需要大量的足球参与人口,在学校中,只有吸引大量的学生参与足球运动才能为校园足球的发展打下牢固的基础。因此可以说,扩大校园足球参与人口就是校园足球可持续发展战略的一个具体目标。

扩大校园足球参与人口需要注意以下两方面的要求。一方面,要不断增加校园足球试点学校,循序渐进地扩大校园足球人口规模;另一方面,在现有校园足球布局城市的基础上,争取在 2026 年有 200 个布局城市;全国

高校中成为校园足球定点学校的高校达到 30％；全国布局城市定点学校的高中数量达到 20 所、初中达到 40 所、小学达到 80 所，其中直辖市定点学校的高中数量达到 40 所、初中达到 80 所、小学达到 160 所；省级布局城市定点学校的高中达到 10 所、初中达到 20 所、小学达到 40 所，各级各类定点学校参加足球活动的学生人数达到学生总数的一半以上；注册参加各级校园足球联赛的大生人数达到 80 000 人、高中生人数达到 150 000 人、初中生人数达到 30 0000 人、小学生人数达到 500 000 人。

以上是我国校园足球可持续发展战略中增加校园足球参与人口的具体目标，这些具体目标的实现要按部就班地进行，切忌急功近利，拔苗助长。

4. 构建"一条龙"校园足球人才培养体系

要想促进校园足球运动的可持续发展，必须要高度重视后备人才的培养，因此完善我国校园足球后备人才的培养路径至关重要，这就需要初步建立一个依托小学、初中、高中和大学等教育系统层级的四级金字塔式的"一条龙"足球后备人才培养体系。在这一体系之下，足球后备人才才能获得健康的发展。

学校是体育运动人才培养和输出的重要阵地，因此加强校园足球人才的培养非常重要。对于一般学生而言，他们参与校园足球运动的主要目的无非就是健身、娱乐或者应付考试，有着更高目标追求的学生并不多。尽管如此，在人口基数如此之大的我国还是会涌现出非常多的足球后备人才的。依托"一条龙"式的培养体系，学生能获得良好的足球运动氛围和条件，在这样的环境之下，学生的成长非常迅速，最终会成为一名优秀的足球人才。因此说，构建"一条龙"的校园足球人才培养体系对于足球后备人才的发展至关重要。对于我国校园足球的可持续发展也具有深远的影响和意义。

三、校园足球可持续发展战略的措施

为推动我国校园足球的可持续发展，可以结合当前社会发展的实际以及整个足球大环境，采取以下措施和手段。

（一）加强校园足球发展的舆论宣传

随着现代社会的不断发展，信息技术越来越重要，在社会各个领域的应用也越来越广，充分利用各种信息技术传播媒介和舆论宣传成为推动事物发展的重要途径。校园足球在发展的过程中离不开舆论的宣传,因此利用现代信息技术对校园足球进行宣传与推广是促进校园足球可持续发展的重要措施。

(1)充分利用各种信息技术和多媒体手段宣传校园足球核心价值体系,让人们充分认识到校园足球的价值,从而获得广大民众对校园足球的支持。这对于我国校园足球的发展具有重要的意义。只有通过宣传才能使社会各界人士给予校园体育最大程度的认同、支持和参与,才能可能推动校园足球的可持续发展。

(2)要及时总结校园足球发展的成功经验,并在全国范围内大力推广,利用多渠道宣传校园足球发展的事迹,充分发挥榜样的积极示范作用,引导各学校足球运动健康发展。

媒体在校园足球宣传的过程中扮演着十分重要的角色。可以说,媒体是推动校园足球发展最强劲的动力。因此我们应该充分利用网络、电视等媒体加强校园足球的宣传与推广,并结合青少年的身心特点,促进以网络媒体为核心、电视媒体和平面媒体为辅助的形式多样、点面结合的校园足球宣传推广工作平台的形成,利用各种媒体宣传报道丰富多彩的校园足球活动。需要注意的是,宣传与报道一定要真实,并且要具有一定的感染力,能吸引大众的目光。

(二)构建足球网络信息平台

发展到现在,科学技术已经逐步渗透进社会各个领域之中,对社会各项事业的发展都产生了重要的影响。大量的科学技术的利用极大地提高了人们的生产与生活效率。对于校园足球的发展而言,我们也应与时俱进,充分利用各种科学技术手段推动校园足球的健康持续发展。在现代信息技术高度发展的今天,我国各学校可以结合本校的具体实际建立一个有效的足球网络信息平台,将平台上的各类信息资源共享给每一名教师、学生和工作人员,学生不仅可以在课堂上学习和提高足球运动水平,还可以充分利用课余时间在网络信息平台中进行学习与锻炼,从而提高自己的运动水平。

(三)建立完善的校园足球管理体制

为推动我国校园足球运动的健康持续发展,还要建立一个完善的管理体制。要解放思想,摆脱传统观念,改革现有的校园足球组织体系,进一步凸显教育行政部门的管理主体地位,建立与现阶段足球发展实际相符的组织管理体系。这一体系应以政府为主导,体育部门与教育部门相互协调配合进行具体的组织与管理工作,这一管理体系要体现出"政府主导,教体共管,以教为主"的基本原则。

总之,构建一个健全和完善的校园足球活动管理体制至关重要,其主要原因有以下几点。

首先,教育部门是学校的主要管理者,而校园足球运动也应由教育部门主管。在这样的情况下,校园足球大部分工作都应该由教育部门承担。教育部门要设计科学合理的制度,吸引社会各界人士注重校园足球的发展,鼓励学生积极参与校园足球活动。

其次,要推动校园足球的可持续发展,教育部门与体育部门还要加强彼此间的沟通与交流,实现优势互补。一般来说,体育部门的资源优势主要体现在资金、技术等方面,教育部门的优势则体现在政策制定等方面,因此体育部门与教育部门的配合是校园足球发展的重要推动力量。体育部门与教育部门有各自的主要职责,教育部门主要负责搭建平台,组织与开展校园足球活动,制定有利于校园足球发展的相关政策,采取必要的措施和手段推动校园足球活动的开展;除此之外,体育部门还要结合实际情况为相关学校提供足球运动的配套设施,充分发挥自身资金与技术方面的优势,配合教育部门做好校园足球联赛的开展工作,另外还要加强足球后备人才的挖掘与选拔以及注重校园足球教师的培养和培训,提高足球教师的综合素质。

最后,校园足球绝不是仅仅只涉及体育与教育两个部门,还涉及发改委、财政局、宣传部等部门,这些部门要充分发挥自身的资源优势,共同为校园足球运动的发展而努力。

总之,通过以上校园足球管理体制的实施,校园足球的各个层面都能获得良好的保障,从而有利于自身的可持续发展。

（四）建立校园足球"特区"

发展到现在,我国已经是一个体育大国,在竞技体育方面,很多运动项目都取得了令世人瞩目的成绩,体现出了中国竞技体育的辉煌。但需要注意的是,与竞技体育不同的是,我国的足球运动一直难以取得重大突破,二者形成了强烈的反差。据进一步调查发现,当前制约我国足球运动快速发展的一个重要原因就是缺乏大量的足球后备人才。为解决这一问题,国家体育总局已经采取了一些特殊的政策,如对全运会足球赛制进行改革,在全运会中增设青少年组足球比赛,增加金牌和奖牌的权重,这些政策在其他体育运动项目中很少见。在政府的大力号召下,全国各省、区、市开始重视校园足球后备人才的培养,开始组建青少年足球队,这都是非常好的现象。

校园足球运动是一项系统工程,要保证这项工程的顺利开展,就需要投入大量的物力、人力、财力等资源,经过长期的工作的开展才能取得一定的成效。这项工作非常艰苦,对于我国足球的未来发展具有重要的意义和作用,因此政府各部门以及学校领导、教师、学生等要引起高度重视。要想吸引社会各界认识与了解足球运动,加入到足球运动之中,提升校园足球的参与度,就需要采取各种措施和手段。其中,建立校园足球"特区"是一项已被实践证明了的非常有效的措施。

校园足球"特区"是指将校园足球作为特定区域,给予其一定的政策优惠,吸引广大的师生及家长等社会各界人士的目光,促使其积极参与其中,推动校园足球运动的可持续发展。政府在制定校园足球发展的政策时要注意以下两个方面:一方面制定的校园足球相关政策要具有一定的针对性,就是说只有校园足球才能享有这些政策,其他任何体育运动项目都没有资格享受到这些政策;另一方面制定的校园足球政策要有所创新,要与时俱进地发展。

目前我国校园足球存在着诸多问题,如足球的重视程度不够,基础设施建设不完善,师资力量较为薄弱,学生参与度较低等。针对这些问题,必须制定有针对性的政策加以解决。例如,可以制定足球定点学校校长的绩效考核制度来增加学校对校园足球的重视程度,激发校园足球活动的活力。另外为解决足球场地设施短缺的问题,可以在城市建设规划和土地利用规划中纳入足球场地设施建设,将足球场地建设看作是一项非常重要的任务。具体而言,在规划城市公共体育设施时,就要对学校增加一定的投入用于足球场地的建设,为将来校园足球活动的开展提供必要的物质保障。

总之,建立校园足球"特区"是一项推动校园足球发展的很好的措施和手段,需要得到国家教育部门的大力支持。教育部门要与体育部门共同协调施政,制定一系列有利于校园足球开展的特殊政策,不断加强校园足球的制度化建设,充分调动学校、教师、家长、学生等方面参与足球运动的积极性,共同推动校园足球的发展。

参考文献

[1]龚波.文化视野:中国足球的困境与出路[M].北京:北京体育大学出版社,2014.

[2]章国锋,钱满素.当代文明(上)[M].福州:福建教育出版社,2010.

[3]何志林.足球教学训练工作指南[M].北京:人民体育出版社,2010.

[4]汤信明.足球运动教学与训练[M].武汉:华中科技大学出版社,2012.

[5]刘丹.足球体能训练——高水平足球体能训练理论与实证[M].北京:北京体育大学出版社,2006.

[6]陈亚中,刘晓宇,高原.足球:运动训练专业主修[M].北京:北京体育大学出版社,2015.

[7]孙文新.现代女子足球科学化训练理论与实践[M].北京:北京体育大学出版社,2009.

[8]李暴乐.新时代校园足球教学改革的思考[J].大学教育,2018(09):175-177.

[9]李继霞.全国青少年校园足球活动发展战略研究[D].上海体育学院,2012.

[10]窦金波.现代化理论的主要理论思想及其缺陷[J].延安职业技术学院学报,2010(03).

[11]龚波.现代足球战术体系的后现代化趋势研究[J].天津体育学院学报,2007(03):10-12,32.

[12]许广军.浅析中国足球发展的现状和对策[J].当代体育科技,2017(26):206-207.

[13]陶伦虎.对影响中国足球运动发展若干因素的分析与研究[D].山东师范大学,2007.

[14]赵一刚.中国足球运动文化的表现形式、特征和价值[J].体育与科学,2008(03):72-77.

[15]郭华,刘云.优秀职业足球运动员的战术能力特征探讨[J].哈尔滨体育学院学报,2011(03):90-93.

[16]徐一博.世界足球区域格局及其文化背景的研究[D].上海体育学

院,2010.

[17]孙克诚.国外足球强国后备人才培养路径与启示[J].南京体育学院学报,2011,25(05):108-111.

[18]陈璐.从足球强国反观中国校园足球的文化建设[J].四川体育科学,2018,37(04):15-18.

[19]董新风.法国足球管理体制与运行机制探析[J].山西师大体育学院学报,2011,26(02):99-102.

[20]任春刚.世界主要足球强国后备人才培养模式及启示[J].沈阳体育学院学报,2011(06):117-120.

[21]陈汉华.足球强国的若干社会基础因素分析[J].武汉体育学院学报,2007(06):21-24.

[22]浦义俊,戴福祥,江长东.法国足球历史演进及其文化特质分析[J].体育文化导刊,2016(02):106-110,130.

[23]黄兰,李可可."体育强国"视阈下我国竞技足球难以实现突破的根源探析[J].青少年体育,2015(11):41,43.

[24]王登峰.新时代青少年校园足球的战略定位与发展方向[J].青少年体育,2018(05):3-5.

[25]李春峰.新形势下对高校足球改革和发展的若干思考[J].浙江工贸职业技术学院学报,2018(01):94-96.

[26]刘桦楠,陆小聪.新中国足球话语的建构与变迁[J].成都体育学院学报,2017(05):47-53.

[27]林晓飞.中国足球职业化改革发展历史研究[J].当代体育科技,2016(28):156-157.

[28]张琪,龚正伟.国家改革背景下的足球改革价值[J].体育学刊,2016(05):79-85.

[29]严婷.足球改革背景下的民间足球项目发展路径探索[J].当代体育科技,2016(13):115,117.

[30]李家庆.中国足球改革回顾与思考[J].辽宁体育科技,2016(02):19-22.